打官司看图一点通

荣丽双 著

中国法制出版社
CHINA LEGAL PUBLISHING HOUSE

致亲爱的读者

人的一生，不可避免地会遇到很多法律问题。衣食住行、婚姻继承、劳动就业……各种领域都蕴含着无尽的法律问题。但现实生活中，不少公民却法律意识淡薄，对一些关乎自身利益的法律知识一无所知或者一知半解。不懂法的结果就是：吃亏了都不知道怎么回事，被告上法庭还不知道自己错在哪儿，受了窝囊气却不知道如何维护权益，让公司辞退了不知道怎样据理力争……

学习法律，是一件利人利己的事。随着2020年我国《民法典》的出台，全国上下掀起了一股学习法律的高潮，让法律服务生活，让法律规范秩序、让法律服务你我成为大众看待法律的新视角。越来越多的人愿意关注法律、依法办事和维权。

在此，为了帮助读者知法、懂法，进而更好地守法、用法，依法办事和维权，我们编写了“看图一点通”系列，本系列丛书的主要特色如下：

一、兼具全面性与时代性

丛书以读者的生活、工作、学习为出发点，设置了若干分册，基本覆盖了各领域的法律知识点，极具全面性；并且，丛书围绕如《民法典》《土地管理法》等新颁布或修正的法律，结合当前社会生活实际，提炼了大量“热点问题”，具有很强的现实意义，相信一定能给读者以代入感，从而激发读者学法的积极性。

二、大众能够看得懂

百姓不懂法，很大程度上是由于法律条文和法律图书枯燥难懂。本丛书尽力避免法律图书严谨有余而通俗不足的通病，将原本枯燥难懂的法律知识用短小、简单的案例表现出来。案情介绍简洁流畅，法律讲堂切中要害，对法律知识的解说深入浅出，避免使用艰深的法律术语，行文通俗，贴近百姓生活。同时，本丛书配有一些辅助理解的场景插画，让读者朋友们轻轻松松读懂法律。

三、读者一定能用得上

丛书的每一个分册都涵盖了与该领域相关的重要、常用的法律知识，选取的多是典型的真实案例。而法律讲堂部分给出的结论一般是法院通行的判决结果，并附有对应的法律条文依据。读者可以从中查询更多、收获更多。

四、方便阅读与检索

遇到法律问题后，读者朋友可以直接通过查询本书目录，找到相关问题，查看相关案例和点评，找到法律依据，还可以随用随查一部分文书范本。本丛书就像是读者朋友的“私人法律顾问”，遇到法律问题“照方抓药”即可。

五、纠纷能得到顺利合理解决

丛书所选问题常见多发，所选案例典型常见，法律讲堂切中要点，法律依据来源准确，文书范本随用随查，还有“私人法律顾问”般的善意提醒和诉讼指导。有了这一切，相信您的麻烦和纠纷一定能得到顺利合理解决，您的烦恼也会一去不复返！

目录

第1章 民事官司

第4章 法律援助

第1章 民事官司

第一节 如何提起民事诉讼

1. 起诉时某公民户口已经迁出本地，但未落户且居无定所的，应该到哪里的法院起诉该公民？

案例背景

于某之前一直生活在A市，由于经常喝酒赌博，欠了一屁股债。于某为了躲债就想将户口迁到B市，但在落户的过程中出现了问题，户口未落，导致于某四处流浪，居无定所。在这期间，于某向白某借了一笔钱，借款到期后白某多次催还未果，于是白某打算向法院起诉于某。

学法有疑

请问，白某应该向哪里的法院起诉于某呢？

法律讲堂

确定管辖法院最常用的原则是地域管辖原则，一般依据当事人的经常居所地和住所地来确定管辖法院。住所地即户籍所在地，《最高人民法院关于适用〈中华人民共和国民事诉讼法〉的解释》第七条规定："当事人的户籍迁出后尚未落户，有经常居住地的，由该地人民法院管辖；没有经常居住地的，由其原户籍所在地人民法院管辖。”本案中，于某户口迁出后，未能落户，而是四处流浪，居无定所，因此，应当由其原户籍所在地人民法院管辖，也就是说白某可以向于某原户籍所在地的法院提起诉讼。

法律条文

《最高人民法院关于适用〈中华人民共和国民事诉讼法〉的解释》

第七条 当事人的户籍迁出后尚未落户，有经常居住地的，由该地人民法院管辖；没有经常居住地的，由其原户籍所在地人民法院管辖。

确定管辖法院最常用的原则是地域管辖原则，一般依据当事人的经常居所地和住所地来确定管辖。但如果当事人没有经常居住地，就由其原户籍所在地人民法院管辖。

2. 夫妻二人常年在外打工，一方起诉离婚，可以在自己住所地的法院起诉吗？

案例背景

杨某与妻子张某两年前一起到深圳打工，杨某在某工地上干活，张某则给他人当保姆，日子虽然辛苦，但二人觉得很满足。第二年，两人用自己攒下的钱在当地开了个小吃摊，每天生意都很红火，夫妻二人的生活也越来越富裕。然而，日子富裕了，两人的感情却不如从前了。二人经常因为家庭琐事吵架，杨某也变得很少回家，经常夜不归宿。张某觉得这日子没法过下去了，便决定在两人生活了两年的城市深圳起诉离婚。

学法有疑

张某可以在深圳的法院起诉离婚吗？

法律讲堂

《最高人民法院关于适用〈中华人民共和国民事诉讼法〉的解释》第十二条第二款规定："夫妻双方离开住所地超过一年，一方起诉离婚的案件，由被告经常居住地人民法院管辖；没有经常居住地的，由原告起诉时被告居住地人民法院管辖。"本案中，杨某与妻子张某离开家乡去深圳打工，两年来一直居住在深圳，符合上述司法解释中关于"夫妻双方离开住所地超过一年"的规定。因此，张某起诉离婚时，该案件由被告杨某经常居住地深圳的人民法院管辖，也就是说张某可以在深圳起诉离婚。

法律条文

《最高人民法院关于适用〈中华人民共和国民事诉讼法〉的解释》

第十二条 夫妻一方离开住所地超过一年，另一方起诉离婚的案件，可以由原告住所地人民法院管辖。

夫妻双方离开住所地超过一年，一方起诉离婚的案件，由被告经常居住地人民法院管辖；没有经常居住地的，由原告起诉时被告居住地人民法院管辖。

一句话说法

长期在外打工的夫妻，需要起诉离婚的，由被告经常居住地人民法院管辖；没有经常居住地的，由原告起诉时被告居住地人民法院管辖，但前提条件是夫妻双方离开住所地超过一年。

3. 公司雇用的装卸工在装卸货物时不小心造成他人伤害，受害人应该告谁？

案例背景

乙向甲出售一批建材，便雇用了10个人负责装卸。装卸工李某在帮甲搬货途中，由于手滑不慎将货物掉下车，正好砸到了过路人钱某的脚。由于伤势严重，钱某住院治疗花去1万多元。事后，钱某觉得这钱花得很冤，于是决定向法院起诉乙，要求其赔偿医疗费及误工费等损失。

学法有疑

那么，钱某起诉的对象是否正确？他是应该起诉乙，还是起诉装卸工李某呢？

法律讲堂

本案中，李某是乙雇用的工人，因此，李某的行为属于劳务行为。而李某的责任属于个人劳务损害责任，是个人劳务提供者致害责任，适用无过错责任原则，只要提供劳务一方因劳务造成他人损害，接受劳务一方就应当承担责任。《最高人民法院关于适用〈中华人民共和国民事诉讼法〉的解释》第五十七条规定："提供劳务一方因劳务造成他人损害，受害人提起诉讼的，以接受劳务一方为被告。"因此，钱某应当以雇用李某的乙为起诉对象，也就是说钱某的起诉对象是正确的。

法律条文

《最高人民法院关于适用〈中华人民共和国民事诉讼法〉的解释》

第五十七条 提供劳务一方因劳务造成他人损害，受害人提起诉讼的，以接受劳务一方为被告。

被雇用者在为他人提供劳务期间致人伤害时，受害人起诉的，起诉对象应当是雇用者一方。

4. 儿童可以作为原告吗？

案例背景

一天，小明和其他小朋友在小区的花园里玩。正当孩子们玩得高兴时，小明一不小心踢到了邻居王大爷家的小狗，导致小明被小狗咬伤。这时小明的妈妈正巧下班回来，见到此状，赶紧带小明打了狂犬疫苗。事后，小明的妈妈带小明找到小狗的主人王大爷，要求王大爷承担小明的医疗费，但王大爷认为是小明自己先踢小狗的，并且是大人没看好孩子，自己没有义务承担医疗费。小明的妈妈听了王大爷的话，非常生气，决定以小明为原告将王大爷告上法庭。

学法有疑

未成年的小明能作为原告吗？

法律讲堂

小明虽然是未成年人，但可以作为原告，而小明的妈妈只能作为法定诉讼代理人替小明行使权利。法定诉讼代理人，是指依照法律规定代理无诉讼行为能力的当事人进行民事活动的人。根据我国《民事诉讼法》第五十七条的规定，无诉讼行为能力人由他的监护人作为法定代理人代为诉讼。具体到本案中，小明被王大爷家的小狗咬伤，人身权受到侵害，但小明还属于未成年人，没有参与诉讼的能力。因此，应该由小明的母亲以法定代理人的身份代替小明提起诉讼，但原告依然是小明。

法律条文

《中华人民共和国民事诉讼法》

第五十七条 无诉讼行为能力人由他的监护人作为法定代理人代为诉讼。法定代理人之间互相推诿代理责任的，由人民法院指定其中一人代为诉讼。

在诉讼中，未成年人可以作为原告，但其诉讼权利由法定代理人代其行使。

5. 原告已经向法院起诉，其还能撤回吗？

案例背景

大东和小东是一对亲兄弟，两人现在都成家立业了。他们的母亲很早就去世了，前不久父亲也因病去世，给两兄弟留下了一笔财产，包括一套两居室的房子和30万元存款。大东认为自己是父亲的大儿子，有权利继承那套房子，便对小东说30万元存款归小东，而那套房子归自己。小东听后很不服，于是两兄弟因争财产产生了纠纷，小东向法院提起了诉讼。后来，大东觉得自己的做法的确有些不妥，便找小东商量，小东也觉得大东毕竟是自己的亲哥哥，自己也是一时冲动才将哥哥告上了法庭，因此小东想撤诉。

学法有疑

小东已经向法院提起了诉讼，还能撤回吗？

法律讲堂

民事诉讼主体在民事诉讼中享有自行和解权。民事诉讼和解，是指双方当事人在民事审判程序和民事执行程序中自行协商、达成协议、较为平和地解决纠纷的权利。

我国《民事诉讼法》第五十一条规定：“原告可以放弃或者变更诉讼请求。被告可以承认或者反驳诉讼请求，有权提起反诉。”具体到本案，大东和小东是亲兄弟，两人自行和解，达成协议，也就解决了两人之间的纷争。所以，小东是可以撤回起诉的。事实上，当事人之间能够协商解决问题也是一种方法，对簿公堂毕竟是一种十分激烈的解决方式，即使解决了纠纷，也会伤了感情。因此，温和地协商，达成共识，化干戈为玉帛，未必不是一件好事。

法律条文

《中华人民共和国民事诉讼法》

第五十条　双方当事人可以自行和解。

第五十一条　原告可以放弃或者变更诉讼请求。被告可以承认或者反驳诉讼请求，有权提起反诉。

一句话说法

双方当事人之间如果自行和解成功，原告可以将已经提起的诉讼撤回。

6. 保险合同纠纷归哪个法院管？

案例背景

金某常年跑运输，前不久，配货车老板夏某与金某签署了一份蔬菜运输合同，双方约定由金某从本地把蔬菜运往唐山市新华区某果蔬批发店。鉴于路途较远，金某与某保险公司签订了一份保险合同，对此批运送的蔬菜进行了投保。后金某在某路段遇上泥石流耽误了行程，导致一车蔬菜全部腐烂。金某立即联系保险公司，要求保险公司在保单确定的责任范围内进行赔偿。但保险公司声称，运输货物是遇泥石流致损的，不属于保险合同确定的应承担保险责任的范畴，不予赔偿。金某无奈，只能向法院提起诉讼。

学法有疑

请问，金某应该向哪个法院起诉呢？

法律讲堂

我国《民事诉讼法》第二十四条明确规定："因保险合同纠纷提起的诉讼，由被告住所地或者保险标的物所在地人民法院管辖。"同时，《最高人民法院关于适用〈中华人民共和国民事诉讼法〉的解释》第二十一条第一款规定："因财产保险合同纠纷提起的诉讼，如果保险标的物是运输工具或者运输中的货物，可以由运输工具登记注册地、运输目的地、保险事故发生地人民法院管辖。"本案属于财产纠纷案件，且保险标的物为运输中的蔬菜，因此，运输工具登记注册地、运输目的及保险事故发生地的人民法院都享有管辖权，金某可以到夏某配货车登记注册地人民法院或者唐山市新华区人民法院，抑或货物发生损毁所在地人民法院起诉。

法律条文

《中华人民共和国民事诉讼法》

第二十四条　因保险合同纠纷提起的诉讼，由被告住所地或者保险标的物所在地人民法院管辖。

《最高人民法院关于适用〈中华人民共和国民事诉讼法〉的解释》

第二十一条　因财产保险合同纠纷提起的诉讼，如果保险标的物是运输工具或者运输中的货物，可以由运输工具登记注册地、运输目的地、保险事故发生地人民法院管辖。

因人身保险合同纠纷提起的诉讼，可以由被保险人住所地人民法院管辖。

因保险合同引发的纠纷，当事人应当去被告住所地或者保险标的物所在地人民法院起诉。

7. 股东表决权受损，应当去哪里的法院起诉？

案例背景

马某发现近几年来IT行业前景很好，便着手投资了一家软件生产企业。该企业通过拓宽软件开发和销售渠道，实现了年产值翻倍的目标。公司认为应该抓住这次机会，扩大公司规模，实现公司更好的发展，便决定召开股东大会增加注册资本。但是召开股东大会时，马某因有事不能出席，便委托律师代替自己出席股东大会并处理新增资本事宜。不料，代理律师被拒之门外，直接致使马某的表决权受损，马某欲提起诉讼。

学法有疑

马某应该向哪个法院起诉呢？

法律讲堂

马某应到该企业住所地法院起诉。我国《民事诉讼法》第二十六条规定："因公司设立、确认股东资格、分配利润、解散等纠纷提起的诉讼，由公司住所地人民法院管辖。"同时，《最高人民法院关于适用〈中华人民共和国民事诉讼法〉的解释》第二十二条进一步规定："因股东名册记载、请求变更公司登记、股东知情权、公司决议、公司合并、公司分立、公司减资、公司增资等纠纷提起的诉讼，依照民事诉讼法第二十六条规定确定管辖。"本案中，马某的代理人被拒之于股东大会门外，是对马某股东资格的否认，因此，根据法律规定，该类案件应该由公司住所地的人民法院管辖。

法律条文

《中华人民共和国民事诉讼法》

第二十六条 因公司设立、确认股东资格、分配利润、解散等纠纷提起的诉讼，由公司住所地人民法院管辖。

《最高人民法院关于适用〈中华人民共和国民事诉讼法〉的解释》

第二十二条 因股东名册记载、请求变更公司登记、股东知情权、公司决议、公司合并、公司分立、公司减资、公司增资等纠纷提起的诉讼，依照民事诉讼法第二十六条规定确定管辖。

一句话说法

股东认为其股东资格受损的，应当去公司住所地人民法院进行诉讼，以维护自身合法权益。

8. 因不动产纠纷提起的诉讼，管辖权该如何确定?

案例背景

赵某与王某是好朋友，王某想要开一家贸易公司，但资金有限，便向赵某借了20万元，并以自己位于丙县的一套房子作为抵押。双方约定，如果一年内王某不能连本带息偿还借款，被抵押的房子将归赵某所有。一年后约定到期，王某没有能力偿还借款，赵某就要求王某把当时作为抵押的房子给他，可是王某却坚决不同意。王某认为，现在房子涨价了，不能把房子全部给赵某。两人之间发生了纠纷，赵某非常生气，打算向法院提起诉讼。

学法有疑

赵某应该向哪个法院提起诉讼呢？

法律讲堂

本案中双方的纠纷应该由丙县的法院来审理。本案属于专属管辖的情形，专属管辖是指某类案件只能由法律规定的特定法院来管辖。根据我国《民事诉讼法》第三十三条的规定可知，专属管辖包括三种情形：一是不动产纠纷由不动产所在地人民法院管辖；二是港口作业纠纷由港口所在地人民法院管辖；三是遗产继承纠纷由被继承人死亡时住所地或者主要遗产所在地法院管辖。本案中，双方因不动产发生纠纷，所以应当由不动产所在地的人民法院管辖，也就是说赵某应该向丙县的人民法院提起诉讼。法律之所以如此规定，是由于不动产纠纷往往涉及对不动产的勘察检测等，由不动产所在地人民法院管辖，方便审理。

法律条文

《中华人民共和国民事诉讼法》

第三十三条 下列案件，由本条规定的人民法院专属管辖：

（一）因不动产纠纷提起的诉讼，由不动产所在地人民法院管辖；

（二）因港口作业中发生纠纷提起的诉讼，由港口所在地人民法院管辖；

（三）因继承遗产纠纷提起的诉讼，由被继承人死亡时住所地或者主要遗产所在地人民法院管辖。

为了方便管理，法律规定因不动产纠纷发生的诉讼，应当由不动产所在地人民法院管辖。

9. 儿女住在不同的辖区，老人因赡养纠纷起诉儿女，应该到哪里起诉？

案例背景

王大爷今年75岁，老伴很早就去世了，子女也都已成家立业，一直以来王大爷都是一个人生活。最近，王大爷生病了，无法再独立生活，因此希望儿女能照顾自己。可是，三个子女却相互推脱，谁也不愿意赡养王大爷。无奈之下，王大爷决定起诉三个子女，但他们不住在同一辖区，王大爷不知该去哪里的人民法院起诉。

学法有疑

王大爷的儿女不住在同一个辖区，王大爷该去哪里的人民法院起诉呢？

法律讲堂

我国《民事诉讼法》确定管辖权的原则之一是便于当事人进行诉讼，老人因赡养纠纷起诉儿女，但老人的行动能力较差，处于相对弱势的地位，法律制定者考虑到了这些特点，制定了向老人倾斜的规则，以保证相对的公平。《最高人民法院关于适用〈中华人民共和国民事诉讼法〉的解释》第九条规定："追索赡养费、抚育费、扶养费案件的几个被告住所地不在同一辖区的，可以由原告住所地人民法院管辖。"所以，案例中的王大爷向自己的住所地人民法院起诉其子女即可。

法律条文

《最高人民法院关于适用〈中华人民共和国民事诉讼法〉的解释》

第九条 追索赡养费、抚育费、扶养费案件的几个被告住所地不在同一辖区的，可以由原告住所地人民法院管辖。

老人因赡养纠纷起诉子女，几个子女住所地又不在同一辖区的，老人可以在自己的住所地起诉。这也是法律公平价值的体现。

10. 他人能代为提起民事诉讼吗?

案例背景

杨某与妻子王某结婚快一年了，在这一年里，杨某经常对王某实施家庭暴力。王某的朋友丁某看见王某被打得遍体鳞伤，实在是心疼，为了不让王某再受伤，丁某决定将杨某告上法庭，于是向法院提起了诉讼，请求判决杨某与王某离婚。

学法有疑

那么，丁某能代替王某提起民事诉讼吗?

法律讲堂

丁某没有提起诉讼要求杨某与王某离婚的权利。在现实生活中，民事纠纷随处可见，如果不设定民事诉讼的起诉条件，就可能会出现众人参与诉讼的混乱局面，也可能有人随便找个理由就去提起民事诉讼，滥用诉权。因此，根据我国《民事诉讼法》第一百一十九条的规定，起诉者必须与案件有直接的利害关系，才能提起诉讼。

本案中，杨某对王某实施家庭暴力，这是杨某与王某之间的夫妻感情纠纷，与丁某没有直接的利害关系。因此，即使要提起诉讼，也必须由王某自己去，毕竟王某才是本案的受害人，与案件有直接的利害关系。

法律条文

《中华人民共和国民事诉讼法》

第一百一十九条 起诉必须符合下列条件：

（一）原告是与本案有直接利害关系的公民、法人和其他组织；

（二）有明确的被告；

（三）有具体的诉讼请求和事实、理由；

（四）属于人民法院受理民事诉讼的范围和受诉人民法院管辖。

起诉需要满足一定的条件，才会被法院受理。除了与案件有直接利害关系的人，其他与案件无关的人员都不能作为原告提起诉讼。

11. 侵权之诉，应当到哪个法院起诉?

案例背景

最近，张某迷上了一款大型网络游戏，便每天都沉浸在游戏之中，无法自拔，甚至不惜花高价购买了游戏账号。但没想到，新购买的账号仅仅用了两次就被查封了，于是张某联系了该网络游戏的运营商，运营商答复：经公司核实确认，争议账号显示的注册人为沈某，公司冻结账号的行为是按照账号所有人沈某的请求来操作的。张某感到自己的合法权益受到了严重的损害，便打算通过法律途径来维权。

学法有疑

那么，张某应该到哪个法院去起诉呢?

法律讲堂

案例中张某提起的诉讼为侵权之诉。《民事诉讼法》第二十八条规定："因侵权行为提起的诉讼，由侵权行为地或者被告住所地人民法院管辖。"同时，《最高人民法院关于适用〈中华人民共和国民事诉讼法〉的解释》第二十四条规定："民事诉讼法第二十八条规定的侵权行为地，包括侵权行为实施地、侵权结果发生地。"据此可知，因侵权行为提起的诉讼，侵权行为实施地、侵权结果发生地和被告住所地人民法院均有管辖权。

此外，与一般的侵权相比，网络侵权具有一定的隐蔽性、抽象性。对此，《最高人民法院关于适用〈中华人民共和国民事诉讼法〉的解释》第二十五条专门规定："信息网络侵权行为实施地包括实施被诉侵权行为的计算机等信息设备所在地，侵权结果发生地包括被侵权人住所地。"这一规定进一步明确了侵权行为地和结果发生地的概念，以更加准确地指导网络侵权诉讼管辖事宜。综上所述，案例中对张某提起的网络侵权诉讼享有管辖权的法院包括：实施网络侵权行为的计算机设备所在地法院、本人住所地法院及被诉公司住所地法院。

法律条文

《中华人民共和国民事诉讼法》

第二十八条 因侵权行为提起的诉讼，由侵权行为地或者被告住所地人民法院管辖。

《最高人民法院关于适用〈中华人民共和国民事诉讼法〉的解释》

第二十四条 民事诉讼法第二十八条规定的侵权行为地，包括侵权行为实施地、侵权结果发生地。

第二十五条 信息网络侵权行为实施地包括实施被诉侵权行为的计算机等信息设备所在地，侵权结果发生地包括被侵权人住所地。

因侵权行为提起的诉讼，侵权行为实施地、侵权结果发生地以及被告住所地人民法院均有管辖权，当事人可以选择其中之一进行起诉。

12. 对管辖权有异议，该如何提出？

案例背景

江某与夏某既是同事，又是邻居，平时两人关系也算不错。一天晚上，江某下班回家，走到家门口时不小心踢到了夏某家的小狗，小狗被吓到后反咬了江某一口，江某赶紧到医院打了狂犬疫苗。事后，江某找到夏某要求夏某支付相应的医疗费，但遭到了夏某的拒绝。于是，江某向夏某住所地的邢台市桥西区法院提起了诉讼。夏某认为自己现在长期居住在桥东区，居住时间已经将近三年了，桥西区法院应该无权受理此案，但不知道该如何提出管辖权异议。

学法有疑

那么，夏某该如何行使提出管辖权异议的权利呢？

法律讲堂

夏某应该向邢台市桥西区法院提出管辖权异议，要求将案件移送桥东区法院审理。所谓管辖权异议，是指人民法院受理案件以后，当事人以该院对本案没有管辖权为由，提出将案件移送有管辖权的人民法院审理的申请。管辖权是人民法院行使审判权的基础，如果没有管辖权则不得行使审判权。在本案中，桥西区法院没有管辖权，因为根据《民事诉讼法》第二十一条的规定，如果被告经常居住地与住所地不一致的，则应当由经常居住地的法院管辖。提出管辖权异议的主体一般主要是被告，而且管辖权异议应当在答辩期内，以口头或者书面的方式提出，否则就失去了提出管辖权异议的权利。

法律条文

《中华人民共和国民事诉讼法》

第二十一条第一款　对公民提起的民事诉讼，由被告住所地人民法院管辖；被告住所地与经常居住地不一致的，由经常居住地人民法院管辖。

第一百二十七条 人民法院受理案件后，当事人对管辖权有异议的，应当在提交答辩状期间提出。人民法院对当事人提出的异议，应当审查。异议成立的，裁定将案件移送有管辖权的人民法院；异议不成立的，裁定驳回。

当事人未提出管辖异议，并应诉答辩的，视为受诉人民法院有管辖权，但违反级别管辖和专属管辖规定的除外。

管辖权是人民法院行使审判权的基础，如果没有管辖权则不得行使审判权。法院受理案件后，当事人对管辖权有异议的，应当在提交答辩状期间提出，超过法定期间，人民法院不再受理。

第二节 掌控证据是关键

13. 当事人的陈述属于证据吗?

案例背景

大熊和小熊因财产继承问题发生纠纷，闹上法院。大熊提出父亲临走前曾口头提过由两人继承财产的事情，并有录音为证，而小熊也承认了这一点。事后经过法庭检验，该录音是伪造的，因此，不能作为证据。

学法有疑

那么，大熊的陈述还能算作证据吗?

法律讲堂

当事人的陈述是法定的证据种类之一，如果在诉讼过程中，一方当事人对另一方当事人陈述的案件事实明确表示承认的，另一方当事人无须再举证。此外，我国的证据制度是重实证、不轻信口供。当事人陈述的事实的确是证据，但其证明力没有物证的证明力强。

本案中，对于大熊对案情事实的陈述，小熊已作出明确的承认，那么，大熊就不必再另行举证。尽管后来发现录音是假的，但小熊自认的事实是无法改变的。因此，大熊的陈述仍可以作为证据，但是没有物证的证明力强。

法律条文

《中华人民共和国民事诉讼法》

第六十三条 证据包括：

（一）当事人的陈述；

（二）书证；

（三）物证；

（四）视听资料；

（五）电子数据；

（六）证人证言；

（七）鉴定意见；

（八）勘验笔录。

证据必须查证属实，才能作为认定事实的根据。

《最高人民法院关于民事诉讼证据的若干规定》

第八条 《最高人民法院关于适用〈中华人民共和国民事诉讼法〉的解释》第九十六条第一款规定的事实，不适用有关自认的规定。

自认的事实与已经查明的事实不符的，人民法院不予确认。

第八十九条 当事人在诉讼过程中认可的证据，人民法院应当予以确认。但法律、司法解释另有规定的除外。

当事人对认可的证据反悔的，参照《最高人民法院关于适用

〈中华人民共和国民事诉讼法〉的解释》第二百二十九条的规定处理。

《最高人民法院关于适用〈中华人民共和国民事诉讼法〉的解释》

第九十六条 民事诉讼法第六十四条第二款规定的人民法院认为审理案件需要的证据包括：

（一）涉及可能损害国家利益、社会公共利益的；

（二）涉及身份关系的；

（三）涉及民事诉讼法第五十五条规定诉讼的；

（四）当事人有恶意串通损害他人合法权益可能的；

（五）涉及依职权追加当事人、中止诉讼、终结诉讼、回避等程序性事项的。

除前款规定外，人民法院调查收集证据，应当依照当事人的申请进行。

法律规定当事人陈述的事实的确是证据，但证明力没有物证的证明力强。

14. 哪些电子数据可以作为证据使用?

案例背景

小张开了家淘宝店，主营小商品。考虑到经营成本，小张到浙江的厂家实地考察了一次之后就一直通过网络和电话联系进货事宜。2019年12月，小张发现自己最近收到的一批货与双方在电子邮件中商定的规格和质量不一致。与厂家协商解决未果，小张欲起诉厂家，但担心自己没有充分的证据，因为双方没有签订正式的书面合同，只有电子邮件往来。经咨询，小张得知电子数据也可以作为证据使用。

学法有疑

电子数据是什么？哪些电子数据可以作为证据使用？

法律讲堂

电子数据是产生、存储在电子介质中的能够证明某种事实的数据，如网络聊天记录、手机短信、电子交易记录等。按照《最高人民法院关于民事诉讼证据的若干规定》第十四条规定，以下信息、电子文件属于电子数据，可以作为证据使用：（一）网页、博客、微博客等网络平台发布的信息；（二）手机短信、电子邮件、即时通信、通讯群组等网络应用服务的通信信息；（三）用户注册信息、身份认证信息、电子交易记录、通信记录、登录日志等信息；（四）文档、图片、音频、视频、数字证书、计算机程序等电子文件；（五）其他以数字化形式存储、处理、传输的能够证明案件事实的信息。据此可知，电子邮件也属于电子数据的一种，因此，案例中，小张和厂家在邮件往来过程中产生的电子邮件可以作为证据使用。

法律条文

《最高人民法院关于民事诉讼证据的若干规定》

第十四条 电子数据包括下列信息、电子文件：

（一）网页、博客、微博客等网络平台发布的信息；

（二）手机短信、电子邮件、即时通信、通讯群组等网络应用服务的通信信息；

（三）用户注册信息、身份认证信息、电子交易记录、通信记录、登录日志等信息；

（四）文档、图片、音频、视频、数字证书、计算机程序等电子文件；

（五）其他以数字化形式存储、处理、传输的能够证明案件事实的信息。

第十五条 当事人以视听资料作为证据的，应当提供存储该视听资料的原始载体。

当事人以电子数据作为证据的，应当提供原件。电子数据的制作者制作的与原件一致的副本，或者直接来源于电子数据的打印件或其他可以显示、识别的输出介质，视为电子数据的原件。

网络聊天信息、电子邮件、通信记录等电子数据均可作为证据使用，当事人提供电子数据作为证据的，应当提供原件。例如，使用微信聊天记录作为证据的，应现场提供手机等载体上的相关聊天记录。

15. 在被逼迫的情况下写的欠条，属于有效证据吗？

案例背景

孟某与杨某是高中同学，后来又考入同一所大学，在上学期间，两人就互生好感，毕业后两人很快确立了恋爱关系。2019 年 1 月，两人正式结婚。可是结婚还不到两年，两人便经常因为家庭琐事争吵不休，感情慢慢出现裂痕，杨某因此向孟某提出离婚。孟某说离婚可以，但是要求杨某把当时的彩礼钱退回来。杨某不同意，于是孟某逼迫杨某写了一张 6 万元的欠条，并且以此为证据向法院提起了诉讼。

学法有疑

杨某在被逼迫的情况下写的欠条，属于有效证据吗？

法律讲堂

欠条，是经过民事行为后留下的字据。根据《民法典》第一百五十条的规定，一方以胁迫手段，使对方在违背真实意思的情况下实施的民事法律行为，受胁迫方有权请求人民法院或者仲裁机构予以撤销。合同是当事人实施的一种民事法律行为，在被胁迫立下借条后，受胁迫一方是可以请求法院或者仲裁机构撤销借条的。因此，在上面的案例中，杨某所写下的欠条，是否属于有效证据，在于其是否申请撤销该借条。如果借条能被撤销，则借条失效，不能再作为证据使用。需要注意的是，杨某如果向法院申请撤销借条，需要提供受到胁迫的证据，否则，撤销申请可能得不到支持。

法律条文

《中华人民共和国民法典》

第一百五十条 一方或者第三人以胁迫手段，使对方在违背真实意思的情况下实施的民事法律行为，受胁迫方有权请求人民法院或者仲裁机构予以撤销。

在受胁迫之下所立的欠条，属于可撤销的范畴。但是，受胁迫的一方应注意保留受到胁迫的相关证据，只有充分证据能证明受到胁迫，才能成功撤销。

16. 威胁证人作证，应承担什么后果？

案例背景

林某闯红灯横穿马路，结果被骑电动车的魏某撞伤。这件事恰巧被魏某的好友吴某看到，吴某走过去和魏某一起把林某送到医院，并为林某付了相应的医药费。事后，林某对此事一直不甘心，于是向法院提起了诉讼。之后，林某找到吴某让其出庭作证，告诉法官责任全在魏某。吴某不想出庭作证，林某非常生气，便对吴某进行恐吓威胁，要求其出庭作证。吴某害怕，没有办法只能按照林某的要求出庭为其作证。

学法有疑

林某对证人吴某进行威胁，要求其按自己的要求出庭作证，应承担什么后果？

法律讲堂

本案中，林某为了达到目的，威胁证人吴某为其出庭作证，不仅会危害法院和诉讼当事人，而且会危害整个社会。这样做不仅可能会给另一方当事人带来重大损失，还可能因为法院错误采纳伪造的证据，造成错判，损害法院的司法权威。我国《民事诉讼法》第一百一十一条明确规定："诉讼参与人或者其他人有下列行为之一的，人民法院可以根据情节轻重予以罚款、拘留；构成犯罪的，依法追究刑事责任：……（二）以暴力、威胁、贿买方法阻止证人作证或者指使、贿买、胁迫他人作伪证的……人民法院对有前款规定的行为之一的单位，可以对其主要负责人或者直接责任人员予以罚款、拘留；构成犯罪的，依法追究刑事责任。"根据此条规定可知，诉讼参与人或者其他人以暴力、威胁、贿买方法阻止证人作证或者指使、贿买、胁迫他人作伪证，妨碍人民法院审理案件，情节严重的，可以追究刑事责任。由此可见，人民法院可以视情节对林某处以罚款、拘留；情节严重，构成犯罪的，要依法追究其刑事责任，而证人吴某作伪证的行为也应受到相应的处罚。事实上，吴某完全可以通过法律途径维护自己的合法权利。

法律条文

《中华人民共和国民事诉讼法》

第一百一十一条　诉讼参与人或者其他人有下列行为之一的，人民法院可以根据情节轻重予以罚款、拘留；构成犯罪的，依法追究刑事责任：

……

（二）以暴力、威胁、贿买方法阻止证人作证或者指使、贿买、胁迫他人作伪证的；

……

人民法院对有前款规定的行为之一的单位，可以对其主要负责人或者直接责任人员予以罚款、拘留；构成犯罪的，依法追究刑事责任。

我国法律不允许威胁证人作证，如果存在此种情况，需要承担相应的法律责任。

17. 证人拒绝签署保证书的，还可以作证吗？

案例背景

梁阿姨是陈某的邻居。2020年3月，陈某家的宠物狗将邻居黄某咬伤，黄某索赔未果将陈某告上了法庭。为了证明宠物狗是被黄某的主动挑逗激怒而咬伤黄某的，陈某找到了同在事故发生现场的梁阿姨，希望她可以为自己作证。出庭之前，法院要求梁阿姨签署证人保证书，梁阿姨担心作证会对自己产生不利影响，遂拒绝签署保证书。但是，梁阿姨表示自己仍然愿意提供证人证言。

学法有疑

证人拒绝签署保证书的，还可以作证吗？

法律讲堂

一般而言，证人拒绝签署保证书的，不得作证。为了保证证人证言的真实性，使证人清楚理解自己的权利义务，《最高人民法院关于民事诉讼证据的若干规定》第七十一条规定："人民法院应当要求证人在作证之前签署保证书，并在法庭上宣读保证书的内容。但无民事行为能力人和限制民事行为能力人作为证人的除外。证人确有正当理由不能宣读保证书的，由书记员代为宣读并进行说明。证人拒绝签署或者宣读保证书的，不得作证，并自行承担相关费用。证人保证书的内容适用当事人保证书的规定。"由此可见，除非证人是无民事行为能力人或限制民事行为能力人，其他证人在作证之前都应当依法签署保证书，否则不得作证。本案中，梁阿姨并不属于无民事行为能力人或限制民事行为能力人，作证之前，梁阿姨应当签署保证书，否则不得作证，其提供的证人证言也不能作为认定案件事实的依据。

法律条文

《最高人民法院关于民事诉讼证据的若干规定》

第七十一条 人民法院应当要求证人在作证之前签署保证书，并在法庭上宣读保证书的内容。但无民事行为能力人和限制民事行为能力人作为证人的除外。

证人确有正当理由不能宣读保证书的，由书记员代为宣读并进行说明。

证人拒绝签署或者宣读保证书的，不得作证，并自行承担相关费用。

证人保证书的内容适用当事人保证书的规定。

一句话说法

除无民事行为能力人或限制民事行为能力人外，证人在作证之前，都应当依法签署保证书，并应在法庭上宣读保证书中的内容，否则不得作证。

18. 向法院提交证据，有时间限制吗？

案例背景

2019年6月15日，赵某与某保险公司因保险合同发生纠纷，将该保险公司告上了法庭。法院立案后指定了30天的举证期限，至7月15日举证期限届满。后来，赵某在外地出差时遇上暴风雨及山体滑坡，因此无法按时向法院提交证据，一直到7月22日赵某才向法院提交了证据。此时已经超过了举证期限，赵某不知道法院会不会接受自己提交的证据。

学法有疑

那么，法院会接受赵某提交的证据吗？

法律讲堂

法院会接受赵某提交的证据。该案涉及举证时限的问题，举证时限是指法律规定或法院指定的当事人能够有效举证的期限。当事人若无正当理由逾期举证，将产生证据失效的法律后果。如果举证确实有困难，可以申请延期举证，经法院批准后，可以适当延长举证时限。

本案中，因为暴风雨及山体滑坡这一不可抗力导致赵某举证超过了举证时限，法院会根据他的举证能力和延期举证的原因进行综合考虑，确实由于不可抗力导致赵某无法按时举证的，人民法院应该是会接受其提交的证据的。因为，刻意地强调时限，拒绝新证据，可能会导致法院作出错误的判决，所以在合理的情况下，尽管过了举证时限，法院也会根据情况自由裁量。

法律条文

《最高人民法院关于民事诉讼证据的若干规定》

第五十条 人民法院应当在审理前的准备阶段向当事人送达举证通知书。

举证通知书应当载明举证责任的分配原则和要求、可以向人民法院申请调查收集证据的情形、人民法院根据案件情况指定的举证期限以及逾期提供证据的法律后果等内容。

第五十一条 举证期限可以由当事人协商，并经人民法院准许。

人民法院指定举证期限的，适用第一审普通程序审理的案件不得少于十五日，当事人提供新的证据的第二审案件不得少于十日。适用简易程序审理的案件不得超过十五日，小额诉讼案件的举证期限一般不得超过七日。

举证期限届满后，当事人提供反驳证据或者对已经提供的证据的来源、形式等方面的瑕疵进行补正的，人民法院可以酌情再次确定举证期限，该期限不受前款规定的期间限制。

第五十二条 当事人在举证期限内提供证据存在客观障碍，属于民事诉讼法第六十五条第二款规定的“当事人在该期限内提供证据确有困难”的情形。

前款情形，人民法院应当根据当事人的举证能力、不能在举证期限内提供证据的原因等因素综合判断。必要时，可以听取对方当事人的意见。

我国法律规定，向法院提交证据是有时间限制的，不按时提交，视为放弃举证权利。但如果举证确实有困难，可以申请举证延期，经法院批准后，可以适当延长举证时限。

19. 当事人在什么情况下能够申请法院调查收集证据?

案例背景

张某与李某离婚时因财产分割问题发生纠纷，闹上了法庭。李某指出张某婚后生活非常不检点，经常出入各种娱乐性场合，并怀疑张某在外有其他女人，张某对此予以否认，并称这是对自己的诬陷。因此，李某申请法院调查收集证据。

学法有疑

那么，当事人在什么情况下可以申请法院调查收集证据?

法律讲堂

根据我国《民事诉讼法》第六十四条第二款的规定可知，当事人及其诉讼代理人因客观原因不能自行收集的证据，或者人民法院认为审理案件需要的证据，人民法院应当调查收集。法律作出如此规定是因为在有些情况下当事人由于不具有某种身份或条件，不能通过合法手段取得证据，为了维护当事人的权益，法律赋予当事人申请调查取证的权利。同时，根据《最高人民法院关于适用〈中华人民共和国民事诉讼法〉的解释》第九十四条的规定可知，当事人申请法院调查收集证据的情况有以下几种：申请调查收集的证据属于国家有关部门保存，当事人及其诉讼代理人无权查阅调取的；涉及国家秘密、商业秘密、个人隐私的；当事人及其诉讼代理人确因客观原因不能自行收集的其他证据。本案中李某申请法院调查收集的证据属于涉及个人隐私的资料，李某及其诉讼代理人不能自行收集，所以只能申请法院查询。

法律条文

《中华人民共和国民事诉讼法》

第六十四条第二款 当事人及其诉讼代理人因客观原因不能自行收集的证据，或者人民法院认为审理案件需要的证据，人民法院应当调查收集。

《最高人民法院关于适用〈中华人民共和国民事诉讼法〉的解释》

第九十四条 民事诉讼法第六十四条第二款规定的当事人及其诉讼代理人因客观原因不能自行收集的证据包括：

（一）证据由国家有关部门保存，当事人及其诉讼代理人无权查阅调取的；

（二）涉及国家秘密、商业秘密或者个人隐私的；

（三）当事人及其诉讼代理人因客观原因不能自行收集的其他证据。

当事人及其诉讼代理人因客观原因不能自行收集的证据，可以在举证期限届满前书面申请人民法院调查收集。

一句话说法

一般情况下，当事人应当对自己提出的主张进行举证，如果无法举证，就要承担相应的不利后果。但对于某些特殊的证据，如涉及国家秘密、个人隐私等的证据，当事人无法通过合法手段取得，此时，可申请人民法院依法调查收集。

20. 证人很快要出国，不能出庭作证的，应当怎么办？

案例背景

一天，宋某倒车时不小心将同小区王某的车刮伤，王某得知后向宋某索赔，遭到了宋某的拒绝，于是王某向法院提起了诉讼，并提供了唯一的证人甲。但是，几天后，王某得知甲马上就要出国，不能参加庭审。

学法有疑

请问，王某应该如何保留证据？

法律讲堂

王某应该向法院申请证据保全。根据《民事诉讼法》第八十一条第一款的规定可知，在证据可能灭失或者以后难以取得的情况下，当事人可以在诉讼过程中向人民法院申请保全证据，人民法院也可以主动采取保全措施。这就是为固定和保护证据而设置的保全制度。在现实生活中，很多证据由于存在时间短，如不及时采取措施就会灭失，如本案由于证人将要出国无法出庭作证，证据很可能灭失。因此为了防止这种情况，当事人可以向法院申请证据保全。申请证据保全应在举证期限届满之前进行。法院可以根据当事人的申请要求提供相应担保。法院采取证据保全的措施有查封、扣押、拍照、录音、录像、复制、鉴定、勘验、制作笔录等。本案中若王某申请证据保全，法院可以对证人甲采取制作询问笔录等方式来保留证据。

法律条文

《中华人民共和国民事诉讼法》

第八十一条第一款 在证据可能灭失或者以后难以取得的情况

下，当事人可以在诉讼过程中向人民法院申请保全证据，人民法院也可以主动采取保全措施。

《最高人民法院关于民事诉讼证据的若干规定》

第二十五条 当事人或者利害关系人根据民事诉讼法第八十一条的规定申请证据保全的，申请书应当载明需要保全的证据的基本情况、申请保全的理由以及采取何种保全措施等内容。

当事人根据民事诉讼法第八十一条第一款的规定申请证据保全的，应当在举证期限届满前向人民法院提出。

法律、司法解释对诉前证据保全有规定的，依照其规定办理。

第二十六条 当事人或者利害关系人申请采取查封、扣押等限制保全标的物使用、流通等保全措施，或者保全可能对证据持有人造成损失的，人民法院应当责令申请人提供相应的担保。

担保方式或者数额由人民法院根据保全措施对证据持有人的影响、保全标的物的价值、当事人或者利害关系人争议的诉讼标的金额等因素综合确定。

第二十七条 人民法院进行证据保全，可以要求当事人或者诉讼代理人到场。

根据当事人的申请和具体情况，人民法院可以采取查封、扣押、录音、录像、复制、鉴定、勘验等方法进行证据保全，并制作笔录。

在符合证据保全目的的情况下，人民法院应当选择对证据持有人利益影响最小的保全措施。

证据是当事人和法院了解或查明案件真相，明确争议原因的重要依据，直接关系着当事人的主张是否能得到法院的支持。因此，在证据可能灭失或者以后难以取得的情况下，当事人可以申请证据保全，对证据进行固定和保护，以维护自身的利益。

21. 持有证据却迟迟不交，会有什么后果？

案例背景

钱某的妻子得了重病，钱某为了给妻子治病四处向朋友借钱。2019年3月20日，钱某向郑某借款2万元，并写下了欠条，声明一年之内归还本金和利息，利息为2000元。后来，在约定的一年时间还没有到时，郑某就要求钱某归还2.3万元，比当时欠条上所写的数额多了1000元。钱某对郑某的做法感到非常生气，无奈之下便将郑某告上法庭。在诉讼中，钱某主张郑某有自己在当时写下的欠条，可以作为证据使用，但郑某矢口否认，并且拒绝提交欠条。因此，法院认可了钱某的主张，郑某败诉。

学法有疑

郑某持有证据却迟迟不交，会有什么后果？

法律讲堂

《最高人民法院关于民事诉讼证据的若干规定》第九十五条规定："一方当事人控制证据无正当理由拒不提交，对待证事实负有举证责任的当事人主张该证据的内容不利于控制人的，人民法院可以认定该主张成立。"一般情况下，在对立的双方当事人之间，证据持有人持有对自己不利的证据时，为了胜诉或避免败诉，不会主动将对自己不利的证据出示给法庭。为了平衡诉讼中双方当事人的利益，法官会推定对方主张成立，让证据持有人承担有证不举的不利后果。本案中，钱某主张郑某有自己在当时写下的欠条，而郑某却矢口否认，拒绝提供，若放任其不提供，就会对钱某极其不利。因此，法院推定钱某的主张成立是对司法正义的维护。

法律条文

《最高人民法院关于民事诉讼证据的若干规定》

第九十五条 一方当事人控制证据无正当理由拒不提交，对待证事实负有举证责任的当事人主张该证据的内容不利于控制人的，人民法院可以认定该主张成立。

一句话说法

在对立的双方当事人之间，证据持有人持有对自己不利的证据时，一般不会主动出示，为了平衡诉讼中双方当事人的利益，法官会推定对方主张成立，让证据持有人承担有证不举的不利后果。

22. 当事人将证据毁灭后，会承担什么样的法律后果？

案例背景

甲、乙、丙、丁四人合伙成立了一家软件公司，法人代表为甲，丁在公司内担任会计。公司成立一年多以来，营业额一直不佳，乙觉得公司肯定有人贪污公款，这样下去自己早晚得破产，于是要求清算公司账目，并打算退伙，但这一举动遭到了丁的反对。后乙将甲、丙、丁起诉到法院，要求清算公司账目，退出合伙。丁因害怕核算账目对自己不利，于是将公司的账簿故意毁损。在法庭询问其公司的账目明细时，丁谎称自己不慎将账簿丢失。法庭和乙在多番调查取证后，最终查清了丁毁灭账簿的事实。

学法有疑

那么，丁毁灭证据要承担怎样的法律后果呢？

法律讲堂

伪造证据，是指为了掩盖事实而伪造书证、物证、视听资料，提供假的鉴定结论和勘验笔录。毁灭证据，是指把能够证明案件事实的证据毁灭。我国《民事诉讼法》第一百一十一条明确规定："诉讼参与人或者其他人有下列行为之一的，人民法院可以根据情节轻重予以罚款、拘留；构成犯罪的，依法追究刑事责任：（一）伪造、毁灭重要证据，妨碍人民法院审理案件的……人民法院对有前款规定的行为之一的单位，可以对其主要负责人或者直接责任人员予以罚款、拘留；构成犯罪的，依法追究刑事责任。"根据此条规定，诉讼参与人或者其他人伪造、毁灭重要证据，妨碍人民法院审理案件，情节严重的，可以追究刑事责任。本案中，丁因担心核算账目对自己不利，故意毁损公司账簿，而该账簿在本案中明显属于重要证据，丁的行为已经构成了故意毁灭重要证据，妨碍人民法院审理。因此，人民法院可以视情节对丁处以罚款、拘留；情节严重，构成犯罪的，要依法追究其刑事责任。

法律条文

《中华人民共和国民事诉讼法》

第一百一十一条 诉讼参与人或者其他人有下列行为之一的，人民法院可以根据情节轻重予以罚款、拘留；构成犯罪的，依法追究刑事责任：

（一）伪造、毁灭重要证据，妨碍人民法院审理案件的；

……

人民法院对有前款规定的行为之一的单位，可以对其主要负责人或者直接责任人员予以罚款、拘留；构成犯罪的，依法追究刑事责任。

证据是查明争议案件的重要依据，诉讼参与人或者其他人伪造、毁灭重要证据，妨碍人民法院审理案件的，需要承担相应的法律后果。

23. 偷拍偷录的视听资料可以作为证据使用吗?

案例背景

丁某因身体虚弱整天卧病在床，丈夫孟某也因此很少回家。最近，丁某发觉孟某不太对劲，总是偷偷地打电话、发短信。于是，丁某趁孟某洗澡时偷偷看了孟某的短信，才知道孟某有了外遇。丁某非常生气，便找人跟随孟某到该女子的住所，将孟某与该女子约会的场景偷拍了下来，随即送到了法院并提起离婚诉讼。

学法有疑

那么，偷拍的资料可以作为合法的证据吗?

法律讲堂

偷拍的视听资料能否作为合法证据，要视具体情况而定。关键在于偷拍的视听资料是否侵害了被偷拍人的合法权益。如果未侵害，就视为合法证据，如果侵害了，不但会被视为非法证据，拍摄人还要因侵害了被偷拍人的合法权益而被追究相关责任。《最高人民法院关于适用〈中华人民共和国民事诉讼法〉的解释》第一百零六条规定:“对以严重侵害他人合法权益、违反法律禁止性规定或者严重违背公序良俗的方法形成或者获取的证据，不得作为认定案件事实的根据。”

本案中，丁某找人非法侵入别人的住宅，将约会这种非常私密的情景拍摄下来，构成了侵权，且性质比较恶劣，属于严重的侵犯他人隐私权的行为，因此其找人偷拍的证据不能作为合法证据进行使用。

法律条文

《最高人民法院关于适用〈中华人民共和国民事诉讼法〉的解释》

第一百零六条 对以严重侵害他人合法权益、违反法律禁止性规定或者严重违背公序良俗的方法形成或者获取的证据，不得作为认定案件事实的根据。

一句话说法

当偷拍偷录的视听资料严重侵犯了他人的合法权益时，不能作为认定案件事实的证据。

24. 为调解所认可的证据可以在以后作为对当事人不利的证据吗?

案例背景

马某和程某闹离婚,马某说程某有婚外情要求损害赔偿金,并提供了他和一个女人在一起喝茶的照片。后来在法庭调解过程中,程某为了达成调解协议,承认该照片中确实是自己和自己的情妇,但只同意给马某5万元的赔偿金,马某不同意,调解失败。后来在庭审时,马某指证说程某自己认可了该照片的真实性。

学法有疑

程某在调解时认可的证据可以在庭审中使用吗?

法律讲堂

《最高人民法院关于适用〈中华人民共和国民事诉讼法〉的解释》第一百零七条规定:"在诉讼中,当事人为达成调解协议或者和解协议作出妥协而认可的事实,不得在后续的诉讼中作为对其不利的根据,但法律另有规定或者当事人均同意的除外。"法律之所以如此规定,是为了鼓励诉讼当事人在诉讼中达成调解,而要达成调解就必须双方让步,有时候当事人为了达成调解可能会承认一些对自己不利的证据。但是如果调解失败该证据还能用于庭审中,作为对当事人不利的证据的话,就会让当事人在调解中瞻前顾后,谁都不敢对事实作出承认,调解就无法进行了。

本案中,程某在调解过程中所认可的证据不得在以后的庭审中作为对其不利的证据。也就是说,程某所认可的那张照片不能在庭审中作为其有婚外情的证据。马某若想证明程某有婚外情,就必须重新提供证据。

法律条文

《最高人民法院关于适用〈中华人民共和国民事诉讼法〉的解释》

第一百零七条 在诉讼中，当事人为达成调解协议或者和解协议作出妥协而认可的事实，不得在后续的诉讼中作为对其不利的根据，但法律另有规定或者当事人均同意的除外。

一句话说法

法律禁止以调解中当事人承认的事实作为在以后诉讼中对其不利的证据，这既是法律公正的体现，也是保证调解顺利进行的一项措施。

第三节 诉讼中的权利和义务

25. 在庭审过程中，一方当事人和法官是亲戚该怎么办？

案例背景

白某与黄某是大学同学，毕业后两人没有找工作而是合伙开了一家软件开发公司。刚开始两人合作得很好，公司发展得也不错，后来两人对公司发展理念渐渐产生分歧，决定散伙，可是在对公司资产进行分配时，两人之间发生了纠纷，闹上了法庭。在庭审过程中，白某发现黄某与主审本案的赵法官认识，并知道了他们是亲戚。白某便向法院提出申请，要求赵法官回避。

学法有疑

白某有权提出申请要求赵法官回避吗?

法律讲堂

在庭审过程中，如果一方当事人和法官是亲戚，应当采取回避制度。回避制度，是指审判人员及其他有关人员，遇有法律规定的回避情形时，退出对某一具体案件的审理或退出诉讼活动的制度，这是为了保证案件审判的公正。

根据我国《民事诉讼法》第四十四条的规定，审判人员与本案当事人、诉讼代理人是近亲属或有其他关系，可能影响对案件公正审理的，当事人有权用口头或者书面方式申请他们回避。结合案例说明，在庭审过程中，秉着公正廉明的职业操守办案是每个法官应尽的责任，但毕竟赵法官和黄某是亲戚，在实践当中，在类似的情况下，白某与黄某的地位很难做到平等，由赵法官继续审理，很有可能有失公平，对白某不利。因此，白某有权提出要求赵法官回避。

法律条文

《中华人民共和国民事诉讼法》

第四十四条 审判人员有下列情形之一的，应当自行回避，当事人有权用口头或者书面方式申请他们回避：

（一）是本案当事人或者当事人、诉讼代理人近亲属的；

（二）与本案有利害关系的；

（三）与本案当事人、诉讼代理人有其他关系，可能影响对案件公正审理的。

审判人员接受当事人、诉讼代理人请客送礼，或者违反规定会见当事人、诉讼代理人的，当事人有权要求他们回避。

审判人员有前款规定的行为的，应当依法追究法律责任。

前三款规定，适用于书记员、翻译人员、鉴定人、勘验人。

一句话说法

法律具有公平性与公正性，在庭审过程中，审判人员不应与案件当事人或者诉讼代理人有影响案件公正审理的任何关系，否则应当回避。

26. 接受请客送礼的审判人员，会承担怎样的法律后果？

案例背景

王某与张某离婚时因财产发生纠纷，王某向法院提起了诉讼。人民法院受理此案后，指定由孙法官负责此案的审理工作。在得知这一情况后，王某主动到孙法官的家里拜访，临走时塞给孙法官一个5万元的红包，希望能够得到关照。孙法官一看红包，心里非常高兴，表示让王某放心。但天下没有不透风的墙，王某行贿的事情败露后，孙法官向人民法院相关负责部门交代了整个受贿的事实，并提供了相关的证人证言。

学法有疑

孙法官作为案件的审判人员，接受了王某的贿赂，需要承担什么法律后果？

法律讲堂

我国法律平等、公正地维护每一位公民的合法权益不受侵害，审判人员作为国家法律威严的代表，要尽自己的努力，洁身自好，保持良好的形象，以自己的实际行动去维护法律的公正，捍卫法律的尊严。我国《民事诉讼法》第四十三条规定：“审判人员应当依法秉公办案。审判人员不得接受当事人及其诉讼代理人请客送礼。审判人员有贪污受贿，徇私舞弊，枉法裁判行为的，应当追究法律责任；构成犯罪的，依法追究刑事责任。”本案中，孙法官作为案件的审判人员，公然知法犯法，置当事人的合法利益于不顾，接受王某的贿赂，需要严肃追究其受贿的责任，以维护我国法律的尊严，为当事人提供一个公正、平等的诉讼环境，保障当事人的合法权益。

法律条文

《中华人民共和国民事诉讼法》

第四十三条 审判人员应当依法秉公办案。

审判人员不得接受当事人及其诉讼代理人请客送礼。

审判人员有贪污受贿，徇私舞弊，枉法裁判行为的，应当追究法律责任；构成犯罪的，依法追究刑事责任。

作为一名审判人员，应当洁身自好，秉公办案，以自己的实际行动去维护法律的公正，捍卫法律的尊严。

27. 在离婚案件中，当事人委托了诉讼代理人后就可以不出庭了吗？

案例背景

钱某与冯某经过他人介绍认识，两人一见钟情，很快便走入了婚姻的殿堂。婚后，钱某整天忙于工作，经常出差，慢慢二人感情出现裂痕，直至冯某向钱某提出了离婚。钱某不同意，于是冯某向二人户口所在地法院提起了诉讼，请求离婚，法院已受理。钱某由于在外地出差正好遇上了泥石流，一时半会儿回不来，便全权委托亲戚孟某为诉讼代理人，并特别授予孟某同意离婚并进行财产分割等事项的相关权利。

学法有疑

钱某因在外出差，不方便回来，在开庭时可以不出庭吗？

法律讲堂

我国《民事诉讼法》第六十二条规定："离婚案件有诉讼代理人的，本人除不能表达意思的以外，仍应出庭；确因特殊情况无法出庭的，必须向人民法院提交书面意见。"此外，《最高人民法院关于适用〈中华人民共和国民事诉讼法〉的解释》第一百四十七条第二款也明确规定："离婚案件当事人确因特殊情况无法出庭参加调解的，除本人不能表达意志的以外，应当出具书面意见。"离婚案件具有特殊性，真实的意思表达涉及当事人的人身和财产权益，除特殊情况外，本人必须出庭。本案中，由于钱某在外出差遇上泥石流，不方便回来，属于特殊情况，因此全权委托孟某为诉讼代理人后可以不出庭，但要出具书面意见书。

法律条文

《中华人民共和国民事诉讼法》

第六十二条　离婚案件有诉讼代理人的，本人除不能表达意思的以外，仍应出庭；确因特殊情况无法出庭的，必须向人民法院提交书面意见。

《最高人民法院关于适用〈中华人民共和国民事诉讼法〉的解释》

第一百四十七条　人民法院调解案件时，当事人不能出庭的，经其特别授权，可由其委托代理人参加调解，达成的调解协议，可由委托代理人签名。

离婚案件当事人确因特殊情况无法出庭参加调解的，除本人不能表达意志的以外，应当出具书面意见。

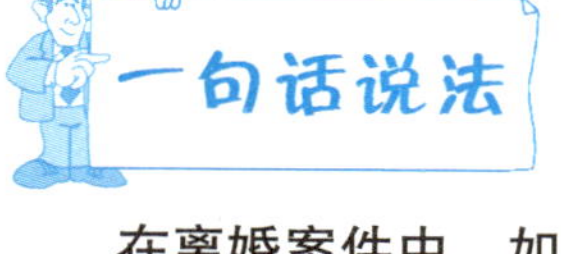

在离婚案件中，如果当事人确实因特殊情况无法出庭的，全权委托诉讼代理人后可以不出庭，但要出具书面意见书。

28. 变更代理律师需要告知法院吗？

案例背景

曹某5岁时被养父领养，养父还有两个自己亲生的孩子，也就是曹某现在的哥哥和姐姐。2019年6月3日，曹某的养父去世，给曹某等人留下一笔财产，但曹某的哥哥和姐姐认为曹某并不是父亲亲生的孩子，没有继承财产的权利，双方发生了纠纷。曹某向法院提起了诉讼，同时委托了某律师事务所的张律师作为代理律师。但法院立案后，张律师经常迟到，而且曹某经常见不到张律师本人。曹某认为张律师非常不负责任，后确认可以撤销委托，便变更了代理律师，委托另一位律师王某为其代理诉讼。

学法有疑

曹某变更代理律师后，需要告知法院吗？

法律讲堂

本案中，因张律师不负责任，曹某可以更换代理律师，但应当书面告知法院。根据我国《民事诉讼法》第六十条的规定："诉讼代理人的权限如果变更或者解除，当事人应当书面告知人民法院，并由人民法院通知对方当事人。"因此，曹某需要告知法院，并由法院通知对方当事人。

法律条文

《中华人民共和国民事诉讼法》

第六十条 诉讼代理人的权限如果变更或者解除，当事人应当书面告知人民法院，并由人民法院通知对方当事人。

一句话说法

在诉讼中，当事人变更代理律师后应当书面告知法院，并由法院通知对方当事人。

29. 当事人可以要求离婚案件不公开审理吗？

案例背景

张某与江某是夫妻，婚后不久，张某经常夜不归宿，两人感情破裂。江某向法院提起了诉讼，请求离婚。开庭前，江某觉得家丑不可外扬，离婚案件涉及了自己的隐私，不想让太多人知道，便请求法院对此案进行不公开审理。

学法有疑

江某不公开审理的请求，法院是否会支持？

法律讲堂

在我国的司法实践中，案件的审理一般都是公开进行的，审判过程的透明化，方便了人民群众对案件审理过程的监督，避免出现违法乱纪的行为，使程序严谨公正。但是，有些案件一旦公开审理，对当事人或相关人士影响甚深，不公开审理，效果反而更好。离婚案件对于双方当事人来说属于个人隐私，公开后对案件的当事人影响非常大。

我国《民事诉讼法》第一百三十四条规定："人民法院审理民事案件，除涉及国家秘密、个人隐私或者法律另有规定的以外，应当公开进行。离婚案件，涉及商业秘密的案件，当事人申请不公开审理的，可以不公开审理。"由此可见，江某请求法院不公开审理，法院应当支持。

法律条文

《中华人民共和国民事诉讼法》

第一百三十四条　人民法院审理民事案件，除涉及国家秘密、个人隐私或者法律另有规定的以外，应当公开进行。

离婚案件，涉及商业秘密的案件，当事人申请不公开审理的，可以不公开审理。

一句话说法

在离婚案件中，当事人要求不公开审理的，法院应当予以支持。

30. 认为诉讼标的与自己有关的，应该怎么办？

案例背景

前几天，范某因病去世，其子范东和范南因财产分割问题产生了纠纷，并诉至法院。诉讼过程中，身在外地的弟弟范西也因遗产分割的事情赶了回来，并称虽然自己并非父亲亲生，但作为养子依然有继承遗产的权利，因此遗产应当有自己的一份。

学法有疑

范西可以参加两个哥哥之间的诉讼吗？如果可以，应当以什么身份参加？

法律讲堂

范西可以参加到诉讼中来，他的身份是有独立请求权的第三人。有独立请求权的第三人是指对原、被告争议的诉讼标的认为有独立的请求权，因而起诉参加到已开始的诉讼中来的人。有独立请求权的第三人参加诉讼，必须具备以下三个条件：他人之间的诉讼正在进行；对他人之间争议的诉讼标的全部或部分享有独立的实体权利；第三人参加诉讼，必须以本诉的双方当事人为共同被告。本案中，范西认为自己虽为养子，但有权利继承遗产，两个哥哥争财产而将他排除在外侵害了他的继承权，因而他参加到诉讼中的身份应该是有独立请求权的第三人。

法律条文

《中华人民共和国民事诉讼法》

第五十六条第一款 对当事人双方的诉讼标的，第三人认为有独立请求权的，有权提起诉讼。

第二款 对当事人双方的诉讼标的，第三人虽然没有独立请求权，但案件处理结果同他有法律上的利害关系的，可以申请参加诉讼，或者由人民法院通知他参加诉讼。人民法院判决承担民事责任的第三人，有当事人的诉讼权利义务。

在有些情况下，案外人认为诉讼标的与自己有关的，可以以有独立请求权的第三人的身份参与到诉讼中去，这不仅是法律对案外人权益的保护，也是便民原则的体现。

31. 当事人收到支付令应当如何处理?

案例背景

李强和张明是多年的好朋友，李强在市政府任职，张明自己开了一家公司。2018 年 8 月，张明想要扩大公司规模，但是缺少资金，于是在饭桌上和李强说起了自己的打算，并向李强借了 10 万元钱，约定一年之内归还。一年过去了，张明没有要还钱的意思，李强多次催要未果。李强碍于面子不愿意和张明打官司，便听从别人的建议向法院申请了支付令。张明不知支付令是怎么回事，没有理会。

学法有疑

张明收到支付令后，应当怎么办?

法律讲堂

支付令是人民法院根据债权人的申请，督促债务人限期清偿债务的法律文书。我国《民事诉讼法》第二百一十六条规定："人民法院受理申请后，经审查债权人提供的事实、证据，对债权债务关系明确、合法的，应当在受理之日起十五日内向债务人发出支付令；申请不成立的，裁定予以驳回。债务人应当自收到支付令之日起十五日内清偿债务，或者向人民法院提出书面异议。债务人在前款规定的期间不提出异议又不履行支付令的，债权人可以向人民法院申请执行。"也就是说，支付令具有裁定的性质，一经送达债务人，立即具有法律效力，接到支付令的债务人应该限期清偿债务。如果债务人对支付令有异议，必须在收到支付令15日内提出，人民法院即依法裁定终结督促程序；如果债务人自收到支付令之日起15日内既不提出异议，又不履行支付令，债权人可以申请人民法院强制执行。因此，如果当事人收到支付令后对其内容有异议的话，一定要及时向法院提出书面异议并陈述理由，否则一旦支付令生效，就须依法履行债务。本案中，支付令发生法律效力，张明应当向李强还款。

法律条文

《中华人民共和国民事诉讼法》

第二百一十六条　人民法院受理申请后，经审查债权人提供的事实、证据，对债权债务关系明确、合法的，应当在受理之日起十五日内向债务人发出支付令；申请不成立的，裁定予以驳回。

债务人应当自收到支付令之日起十五日内清偿债务，或者向人民法院提出书面异议。

债务人在前款规定的期间不提出异议又不履行支付令的，债权人可以向人民法院申请执行。

第二百一十七条　人民法院收到债务人提出的书面异议后，经审查，异议成立的，应当裁定终结督促程序，支付令自行失效。

支付令失效的，转入诉讼程序，但申请支付令的一方当事人不同意提起诉讼的除外。

支付令具有裁定的性质，一经送达债务人，立即具有法律效力，接到支付令的债务人如无书面异议，应该限期清偿债务。

32. 当事人殴打办案人员的，会受到什么惩罚？

案例背景

胡某发现自己的老婆田某有了外遇，他实在不能接受被自己老婆扣了顶“绿帽子”的事实，于是向田某提出离婚，但田某不同意。胡某无奈之下向法院提起了诉讼，请求法院判决离婚。在庭审过程中，田某否认自己出轨，称胡某就是在诬陷自己。胡某本就心情郁闷，听了田某的话后更加生气。激动的胡某对田某进行了语言攻击，在法官多次劝阻后，胡某对法官大打出手，并叫其在场的亲属围殴法官，导致庭审被迫中断。

学法有疑

胡某殴打法官的行为应受到怎样的惩罚？

法律讲堂

法庭审判是诉讼活动的重要组成部分，是人民法院代表国家行使审判权的重要活动。在法庭审判过程中，案件的当事人、法定代理人、诉讼参加人、证人、翻译人员，以及在场的旁听群众等，都必须自觉地遵守法庭纪律。依据我国《民事诉讼法》第一百一十一条的规定：“诉讼参与人或者其他人有下列行为之一的，人民法院可以根据情节轻重予以罚款、拘留；构成犯罪的，依法追究刑事责任：……（四）对司法工作人员、诉讼参加人、证人、翻译人员、鉴定人、勘验人、协助执行的人，进行侮辱、诽谤、诬陷、殴打或者打击报复的……”根据此条规定可知，侮辱、诽谤、殴打司法工作人员，情节严重，构成犯罪的，要依法追究其刑事责任。本案中，胡某在庭审过程中多次侮辱被告，遭到法官的制止，不仅不收敛，反而纠集亲属，在法庭上殴打法官致使庭审被迫中断，其行为已经扰乱了法庭秩序。因此，人民法院可以视情节对胡某处以罚款、拘留，如果情节严重，构成犯罪，要依法追究其刑事责任。

法律条文

《中华人民共和国民事诉讼法》

第一百一十一条 诉讼参与人或者其他人有下列行为之一的，人民法院可以根据情节轻重予以罚款、拘留；构成犯罪的，依法追究刑事责任：

……

（四）对司法工作人员、诉讼参加人、证人、翻译人员、鉴定人、勘验人、协助执行的人，进行侮辱、诽谤、诬陷、殴打或者打击报复的；

……

人民法院对有前款规定的行为之一的单位，可以对其主要负责人或者直接责任人员予以罚款、拘留；构成犯罪的，依法追究刑事责任。

在法庭审判过程中，案件的当事人、法定代理人、诉讼参加人、证人、翻译人员及在场的旁听群众等，都必须自觉地遵守法庭纪律。否则，人民法院可以根据情节轻重对扰乱秩序的行为人进行处罚。

33. 因申请财产保全错误给被申请人造成的损失由谁来承担?

案例背景

刘某因合同纠纷将郝某告上法庭，同时向法院申请了诉讼保全，法院冻结了郝某2000万元的存款。该案经过了一审、二审，法院审理阶段延续了将近一年。最终法院判决驳回刘某的诉讼请求，并将郝某的财产解冻。但是，被冻结的款项为郝某向银行申请的项目贷款，因此在冻结过程中郝某除承担了银行贷款利息外，原打算使用该笔贷款运作的项目也因此夭折。于是，该合同纠纷案件结束以后，郝某随之起诉刘某，要求其赔偿因其保全错误给自己造成的损失。

学法有疑

那么，因申请财产保全错误给被申请人造成的损失应该由谁来承担呢?

法律讲堂

在诉讼实践过程中，为了确保自己的权益得以尽快实现且避免执行困难等问题，越来越多的当事人在提起诉讼请求的同时申请财产保全措施。然而，诉讼的结果却不是随着原告方的意志而转移的。为了防止当事人滥用诉讼权利，防止诉讼侵权行为的出现，我国《民事诉讼法》第一百零五条规定："申请有错误的，申请人应当赔偿被申请人因保全所遭受的损失。"当然，若要申请人承担损失，必须具备一个要件，即被申请人所遭受的损失与错误的申请有因果关系，如果被申请人遭受的损失并非因错误的保全申请引起，就不能归责于申请人。本案中，郝某的损失显然是由于刘某错误申请保全而产生的，因此，郝某的损失应由刘某承担。

法律条文

《中华人民共和国民事诉讼法》

第一百零一条 利害关系人因情况紧急，不立即申请保全将会使其合法权益受到难以弥补的损害的，可以在提起诉讼或者申请仲裁前向被保全财产所在地、被申请人住所地或者对案件有管辖权的人民法院申请采取保全措施。申请人应当提供担保，不提供担保的，裁定驳回申请。

人民法院接受申请后，必须在四十八小时内作出裁定；裁定采取保全措施的，应当立即开始执行。

申请人在人民法院采取保全措施后三十日内不依法提起诉讼或者申请仲裁的，人民法院应当解除保全。

第一百零五条 申请有错误的，申请人应当赔偿被申请人因保全所遭受的损失。

一句话说法

申请财产保全错误给被申请人造成的损失应该由申请人承担。

34. 在公示催告程序中，利害关系人因不可抗力耽误申报的，事后还能维权吗？

案例背景

2019 年 10 月 6 日，李先生将一批货物运送到买家所在地，买家随即交付了一张 12 万元的银行承兑汇票。在回去的路上，李先生在一舞龙表演处停留了一个小时。在观看表演期间，汇票意外丢失。李先生怀疑是身边穿黑衣服的人偷走了汇票，便气急败坏地对其拳打脚踢，后李先生因恶意伤人被处以四个月的拘役刑罚。在李先生服刑期间，第三人孙女士向法院申请了公示催告，公告期满后，法院作出判决，宣告票据无效。服刑完毕的李先生得知自己因服刑而耽误了申报权利，心急如焚。

学法有疑

当除权判决已经生效，他还能维权吗？

法律讲堂

一般情况下，利害关系人应及时申报权利，这样人民法院就会作出终结公示催告程序的裁定，此后可通过向法院提起确权之诉的方式解决票据权利归属问题。但是现实中也确实存在由于种种原因致使利害关系人无法在催告期间进行申报，从而使自己的财产权益受损。因此，我国《民事诉讼法》第二百二十三条规定："利害关系人因正当理由不能在判决前向人民法院申报的，自知道或者应当知道判决公告之日起一年内，可以向作出判决的人民法院起诉。"

对于何种理由才能认定为不可抗拒的正当理由，《最高人民法院关于适用〈中华人民共和国民事诉讼法〉的解释》第四百六十条明确规定："民事诉讼法第二百二十三条规定的正当理由，包括：（一）因发生意外事件或者不可抗力致使利害关系人无法知道公告事实的；（二）利害关系人因被限制人身自由而无法知道公告事实，或者虽然知道公告事实，但无法自己或者委托他人代为申报权利的；（三）不属于法定申请公示催告情形的；（四）未予公告或者未按法定方式公告的；（五）其他导致利害关系人在判决作出前未能向人民法院申报权利的客观事由。”案例中的李先生因服刑被限制人身自由而耽误申报，依法属于不可抗拒的正当事由，可以事后向法院提起维权之诉。

法律条文

《中华人民共和国民事诉讼法》

第二百二十三条 利害关系人因正当理由不能在判决前向人民法院申报的，自知道或者应当知道判决公告之日起一年内，可以向作出判决的人民法院起诉。

《最高人民法院关于适用〈中华人民共和国民事诉讼法〉的解释》

第四百六十条 民事诉讼法第二百二十三条规定的正当理由，包括：

（一）因发生意外事件或者不可抗力致使利害关系人无法知道公告事实的；

（二）利害关系人因被限制人身自由而无法知道公告事实，或者虽然知道公告事实，但无法自己或者委托他人代为申报权利的；

（三）不属于法定申请公示催告情形的；

（四）未予公告或者未按法定方式公告的；

（五）其他导致利害关系人在判决作出前未能向人民法院申报权利的客观事由。

一句话说法

只要利害关系人确有不可抗拒的正当理由，就可以在知道判决公告的一年内提起诉讼。

第四节　案件的审理与判决

35. 原告拒不到庭又无正当理由，要承担什么后果？

案例背景

刘某与孟某是大学同学，两人在校期间就互相有好感，毕业后自然而然地走到了一起，不久便结了婚。都说婚姻是爱情的坟墓，这话对刘某来说真不假，婚后的生活对刘某而言简直是精神摧残。孟某整天猜疑刘某的行为，刘某晚下班一会儿，孟某就认为刘某是和某个女人胡搞去了，整天和刘某吵架，刘某的生活完全被打乱了。刘某和孟某间的矛盾愈演愈烈。于是刘某向法院提起了诉讼，请求离婚。案件首次开庭，刘某却始终没有出现，也没有任何正当理由。

学法有疑

刘某没有正当理由拒不到庭，需要承担什么后果？

法律讲堂

根据我国《民事诉讼法》第一百四十三条的规定："原告经传票传唤，无正当理由拒不到庭的，或者未经法庭许可中途退庭的，可以按撤诉处理；被告反诉的，可以缺席判决。"本案中，刘某无正当理由拒不到庭，法院会按照撤诉处理。

此外，由于本案属于离婚诉讼，根据《最高人民法院关于适用〈中华人民共和国民事诉讼法〉的解释》第二百一十四条的规定："原告撤诉或者人民法院按撤诉处理后，原告以同一诉讼请求再次起诉的，人民法院应予受理。原告撤诉或者按撤诉处理的离婚案件，没有新情况、新理由，六个月内又起诉的，比照民事诉讼法第一百二十四条第七项的规定不予受理。"由此可见，如果刘某六个月内又起诉，但是没有新情况、新理由的，法院将不予受理。

法律条文

《中华人民共和国民事诉讼法》

第一百四十三条 原告经传票传唤，无正当理由拒不到庭的，或者未经法庭许可中途退庭的，可以按撤诉处理；被告反诉的，可以缺席判决。

《最高人民法院关于适用〈中华人民共和国民事诉讼法〉的解释》

第二百一十四条 原告撤诉或者人民法院按撤诉处理后，原告以同一诉讼请求再次起诉的，人民法院应予受理。

原告撤诉或者按撤诉处理的离婚案件，没有新情况、新理由，六个月内又起诉的，比照民事诉讼法第一百二十四条第七项的规定不予受理。

开庭时，原告无正当理由拒不到庭的，法院会按照撤诉处理。因此，原告起诉后应认真履行出庭义务。

36. 在打官司的过程中，一方当事人死亡，案件是否继续审理?

案例背景

王某的妻子早年就去世了，王某一直和儿子相依为命。最近，已到晚年的王某又给自己找了个老伴李某。不幸的是，刚和李某生活没多久，王某就去世了。王某去世后留下一笔财产，王某的儿子小王与李某因财产继承问题产生了纠纷，闹上了法庭。但是，没过多久，李某就突发疾病死亡，这让小王很是纠结，不知道案件是否还要继续下去。

学法有疑

李某因突发疾病死亡，案件还要继续审理吗?

法律讲堂

根据我国《民事诉讼法》第一百五十条第一款的规定可知，一方当事人死亡，需要等待继承人表明是否参加诉讼的，应中止诉讼。李某作为此案的当事人，在诉讼过程中死亡，法院会依法中止诉讼。如果李某有继承人，则李某的民事诉讼权利由其继承人继承。继承人如果撤销诉讼，则此案停止审理；如果继承人要求继续诉讼，则由继承人代替李某参与诉讼，行使权利。但是，如果李某没有继承人，或者继承人放弃权利的，依据《民事诉讼法》第一百五十一条第一项之规定，法院会依法终结诉讼。

法律条文

《中华人民共和国民事诉讼法》

第一百五十条 有下列情形之一的，中止诉讼：

（一）一方当事人死亡，需要等待继承人表明是否参加诉讼的；

（二）一方当事人丧失诉讼行为能力，尚未确定法定代理人的；

（三）作为一方当事人的法人或者其他组织终止，尚未确定权利义务承受人的；

（四）一方当事人因不可抗拒的事由，不能参加诉讼的；

（五）本案必须以另一案的审理结果为依据，而另一案尚未审结的；

（六）其他应当中止诉讼的情形。

中止诉讼的原因消除后，恢复诉讼。

第一百五十一条 有下列情形之一的，终结诉讼：

（一）原告死亡，没有继承人，或者继承人放弃诉讼权利的；

（二）被告死亡，没有遗产，也没有应当承担义务的人的；

（三）离婚案件一方当事人死亡的；

（四）追索赡养费、扶养费、抚育费以及解除收养关系案件的一方当事人死亡的。

在诉讼过程中，一方当事人死亡的，案件是否会继续审理，要取决于死亡的当事人是否具有继承人，并且需要等待其继承人表明是否参加诉讼。

37. 可以进行调解的情形有哪些？

案例背景

于某与夏某是多年的邻居，但双方因发生过矛盾，一直不和。一天，于某像往常一样下班回家，发现夏某把垃圾全扔到了楼道里，甚至堆到了于某家的门口。于某非常生气，就找到夏某进行理论，没想到夏某态度非常强硬，双方争吵起来，最后闹上了法庭。法院认为该案件事实清楚、是非分明，可以先进行调解，于是征求双方意见，对此案件进行了调解。

学法有疑

可以进行调解的情形有哪些？

法律讲堂

我国《民事诉讼法》第九十三条规定："人民法院审理民事案件，根据当事人自愿的原则，在事实清楚的基础上，分清是非，进行调解。"法院调解既是当事人行使处分权的过程，也是法院行使审判权的一种方式。因此，法院调解应当遵循自愿原则和"查明事实、分清是非"原则。此外，《最高人民法院关于人民法院民事调解工作若干问题的规定》第一条规定："人民法院对受理的第一审、第二审和再审民事案件，可以在答辩期满后裁判作出前进行调解。征得当事人各方同意后，人民法院可以在答辩期满前进行调解。"本案中，法院认为于某和夏某的案件事实清楚、是非分明，征求了双方的同意后进行调解，符合我国民事诉讼法的规定。

法律条文

《中华人民共和国民事诉讼法》

第九十三条 人民法院审理民事案件，根据当事人自愿的原则，在事实清楚的基础上，分清是非，进行调解。

《最高人民法院关于人民法院民事调解工作若干问题的规定》

第一条 人民法院对受理的第一审、第二审和再审民事案件，可以在答辩期满后裁判作出前进行调解。在征得当事人各方同意后，人民法院可以在答辩期满前进行调解。

人民法院在审理民事案件时，如果认为该案件事实清楚、是非分明，在双方当事人同意调解的情况下，可以进行调解。

38. 在调解书送达前反悔的，法院会如何处理？

案例背景

赵大爷在小区附近遛弯时，被同小区的黄某骑车撞伤。黄某将赵大爷送到医院，经过医院检查，确认赵大爷的左胳膊为粉碎性骨折。事后，赵大爷找到黄某，要求黄某赔偿其精神损失费，但遭到黄某的拒绝。于是赵大爷便向法院提起了诉讼，在双方同意的情况下，经过法院调解，双方达成了协议。在调解书送达前，赵大爷再次遇见了黄某，赵大爷和黄某打招呼，但黄某的态度非常恶劣，赵大爷一气之下又找到法院，请求法院判决。

学法有疑

在调解书送达前反悔的，法院会如何处理？

法律讲堂

根据我国《民事诉讼法》第九十九条的规定："调解未达成协议或者调解书送达前一方反悔的，人民法院应当及时判决。"本案中，赵大爷因黄某态度恶劣，在调解书送达前反悔，请求法院判决是合法的，法院应当及时判决，判决结果应当合理公正。

法律条文

《中华人民共和国民事诉讼法》

第九十九条 调解未达成协议或者调解书送达前一方反悔的，人民法院应当及时判决。

法律规定，经过调解的案件，当事人在调解书送达前反悔的，法院应当及时判决。

39. 原告申请撤诉未获准许，但又拒不到庭，法院该如何处理？

案例背景

纪某与杨某是多年的好哥们儿，纪某因女儿生病需要用钱，就找到杨某，向其借了 2 万元钱，并且打了借条。半年后，纪某将借款归还给杨某，未索取相关还款凭证，只是要求杨某将以前的借条撕毁。杨某称："大家都是哥们儿，放心就行了。"但后来，令纪某没有想到的是，杨某不仅没有将借条撕掉，还一纸诉状将纪某告上了法庭，要求纪某归还当初的借款。法庭辩论终结后，原告杨某申请撤诉，纪某表示不同意，杨某的申请未获得人民法院的准许。再次开庭时，经传票传唤，杨某始终没在法庭上出现。

学法有疑

在此种情况下，法院该如何处理？

法律讲堂

根据《最高人民法院关于适用〈中华人民共和国民事诉讼法〉的解释》第二百三十八条第二款的规定："法庭辩论终结后原告申请撤诉，被告不同意的，人民法院可以不予准许。"因此，案例中人民法院对杨某的撤诉申请未予准许的做法是有理有据的。既然撤诉申请被否定，那么，案件审理就应该继续进行。根据我国《民事诉讼法》第一百四十五条第二款的规定："人民法院裁定不准许撤诉的，原告经传票传唤，无正当理由拒不到庭的，可以缺席判决。"也就是说，案例中的法院可以进行缺席判决。

法律条文

《中华人民共和国民事诉讼法》

第一百四十五条 宣判前，原告申请撤诉的，是否准许，由人民法院裁定。

人民法院裁定不准许撤诉的，原告经传票传唤，无正当理由拒不到庭的，可以缺席判决。

《最高人民法院关于适用〈中华人民共和国民事诉讼法〉的解释》

第二百三十八条 当事人申请撤诉或者依法可以按撤诉处理的案件，如果当事人有违反法律的行为需要依法处理的，人民法院可以不准许撤诉或者不按撤诉处理。

法庭辩论终结后原告申请撤诉，被告不同意的，人民法院可以不予准许。

撤诉是原告行使诉讼权利的体现，撤诉申请必须在诉讼程序开始之后，人民法院宣告判决之前提出。在这段时间内，原告可以随时申请撤诉，但是否准许由人民法院决定。对于法院裁定不准撤诉的案件，原告经传票传唤，无正当理由拒不到庭的，可以缺席判决。

40. 案件“久调不解”怎么办？

案例背景

李某与妻子赵某是大学同学，毕业后两人便走到了一起。婚后，李某忙着挣钱养家，赵某则在家相夫教子。然而，这个看起来很温馨的家庭，却慢慢地出现了矛盾。赵某开始埋怨李某很少回家，对自己和孩子不关心，两人之间的感情出现裂痕，经常因为家庭琐事争吵不休。赵某觉得这日子没法过下去了，向法院提起诉讼，请求判决离婚。法院立案受理后，审判人员多次组织调解，但由于赵某要求离婚的立场很坚定，屡次调解均告失败。案件“久调不解”，赵某不知道该怎么办。

学法有疑

案件“久调不解”，该怎么办？

法律讲堂

调解是化解矛盾、解决法律纠纷的一种有效途径，但是调解也要遵循自愿原则，兼顾办案效率。我国《民事诉讼法》第一百二十二条规定：“当事人起诉到人民法院的民事纠纷，适宜调解的，先行调解，但当事人拒绝调解的除外。”同时，该法第九条规定：“人民法院审理民事案件，应当根据自愿和合法的原则进行调解；调解不成的，应当及时判决。”据此可知，对于离婚诉讼等适宜调解的案件，法院组织先行调解是合法合理的，但是在当事人不同意调解的情况下，法院“久调不解”的做法反而会损害当事人的合法权益。因此，案例中法院对赵某提起的离婚诉讼“久调不解”，是违反法律规定的，应当及时作出判决。

法律条文

《中华人民共和国民事诉讼法》

第九条 人民法院审理民事案件，应当根据自愿和合法的原则进行调解；调解不成的，应当及时判决。

第一百二十二条 当事人起诉到人民法院的民事纠纷，适宜调解的，先行调解，但当事人拒绝调解的除外。

一句话说法

调解是化解矛盾、解决法律纠纷的一种有效途径，但是调解应遵循自愿和合法的原则，对于调解有困难的案件，法院应当及时作出判决，避免“久调不解”，损害当事人的合法权益。

41. 法院宣告判决时，当事人有权要求不公开宣判吗？

案例背景

2019 年 7 月，强强因致他人伤害被诉至法院。由于强强还是未成年人，强强的父母不希望太多人知道，怕强强承受不住太大的压力，留下心理阴影，就向法院请求进行不公开宣判。

学法有疑

法院会接受强强父母的请求吗？

法律讲堂

法院是不会接受强强父母的请求的。审理可以公开或不公开进行，但是宣判一定是公开进行。法院宣读判决，庄严而神圣，依据的是国家的法律，也是对案件的终结，是对所有参与诉讼的人的最终解释。所以，不论是公开审理还是不公开审理的案件，一律都是公开宣判的。因此，本案中，法院公开宣告判决是依法行事，当事人申请不公开宣判，法院是不会接受的。

法律条文

《中华人民共和国民事诉讼法》

第一百四十八条第一款 人民法院对公开审理或者不公开审理的案件，一律公开宣告判决。

宣告判决是审判程序的最后一环，标志着当事人争议的民事法律关系得到了司法确认。因此，不论是公开审理的案件还是不公开审理的案件，一律都是公开宣告判决。

42. 在法庭上，对方的请求被特别授权的代理人承认会产生什么结果？

案例背景

刘某因欠人20万元一直未归还而被告上法庭。刘某找到律师白某作为自己的诉讼代理人，并在授权委托书中特别标明白某有代为承认、放弃、变更诉讼请求及进行和解的权利。在法庭上，白某承认欠条确实是刘某所签，于是法院判决刘某还钱。

学法有疑

那么，法院这样判决正确吗？白某的承认是否有效？

法律讲堂

白某的承认有效，其承认应该视为委托人的自认。根据《最高人民法院关于民事诉讼证据的若干规定》第五条的规定可知，民事诉讼授权代理人在代理范围内的活动与委托人实施的活动具有同等的法律效力，其代理行为产生的后果直接由委托人承担。除授权委托书明确排除的事项外，诉讼代理人的自认视为当事人的自认，除非当事人在诉讼现场明确否认了诉讼代理人的自认。本案中，白某是刘某的特别代理人，有代为承认诉讼请求的权利，因此他认可借款事实的行为应该视为其委托人刘某的自认。

法律条文

《最高人民法院关于民事诉讼证据的若干规定》

第五条 当事人委托诉讼代理人参加诉讼的，除授权委托书明确排除的事项外，诉讼代理人的自认视为当事人的自认。

当事人在场对诉讼代理人的自认明确否认的，不视为自认。

一句话说法

在特别授权代理中，可以说，代理人几乎等同于委托人，代理人的活动就等于委托人的活动。因此，在特别授权代理中，委托人要及时与代理人沟通，以避免不必要的麻烦。

第五节　不服判决怎么做

43. 终审的离婚判决，还能申请再审吗?

案例背景

王红和丈夫张强是老乡，两人一同进城打工，时间长了，两人产生了感情，很快在城里买了套小房子结了婚。婚后，王红一心照顾家庭，张强则努力挣钱让王红过好日子。后来，张强凭着自己的本事做了老板，挣了不少钱。但有钱后，张强却看上了自己的秘书，并且经常和秘书在外过夜。王红发现这件事后，向张强提出离婚，但张强不同意。王红无奈之下，向法院提起了诉讼，请求法院判决离婚。法院作出判决，支持王红的请求。张强不服法院的判决，提起上诉，二审依然维持了原判，于是张强还想申请再审。

学法有疑

那么，终审的离婚判决，张强还能申请再审吗？

法律讲堂

我国《民事诉讼法》第二百零二条明确规定：“当事人对已经发生法律效力的解除婚姻关系的判决、调解书，不得申请再审。”此外，《最高人民法院关于适用〈中华人民共和国民事诉讼法〉的解释》第三百八十二条规定：“当事人就离婚案件中的财产分割问题申请再审，如涉及判决中已分割的财产，人民法院应当依照民事诉讼法第二百条的规定进行审查，符合再审条件的，应当裁定再审；如涉及判决中未作处理的夫妻共同财产，应当告知当事人另行起诉。”也就是说，一般情况下，仅仅对解除婚姻关系的离婚判决是不能申请再审的，但是涉及判决中已分割的财产的案件，则可以申请再审。本案中，王红和张强的离婚案件并未涉及财产分割的问题，所以，张强不能提请再审。

法律条文

《中华人民共和国民事诉讼法》

第二百零二条 当事人对已经发生法律效力的解除婚姻关系的判决、调解书，不得申请再审。

《最高人民法院关于适用〈中华人民共和国民事诉讼法〉的解释》

第三百八十二条 当事人就离婚案件中的财产分割问题申请再审，如涉及判决中已分割的财产，人民法院应当依照民事诉讼法第二百条的规定进行审查，符合再审条件的，应当裁定再审；如涉及判决中未作处理的夫妻共同财产，应当告知当事人另行起诉。

离婚案件中，能否对终审离婚判决申请再审，要依据离婚案件中是否涉及财产分割问题区别处理。

44. 因法官收受贿赂导致输掉官司，败诉方应该怎么办？

案例背景

孙某与田某因劳动纠纷闹上了法庭，一审时，主审法官范某收受了田某的贿赂，在审判中徇私舞弊，判决孙某败诉。孙某不服，便提起上诉。但在诉讼过程中，田某了解到范某很喜欢一幅画，但是一直没有得到。于是田某就托朋友买了这幅画送给了范某，希望通过范某打通二审法院的关系。就这样，在范某的“帮助下”，二审维持了原判。孙某因此非常愤怒，但不知该怎么办。

学法有疑

孙某因范某收受贿赂而输掉官司，这种情况下他该怎么办？

法律讲堂

我国《民事诉讼法》第一百九十九条、第二百条及第二百零四条对于判决生效后的再审作了详细的规定，其中审判人员有贪污受贿、徇私舞弊、枉法裁判的行为属于应当再审的情形之一。结合案例说明，田某为了官司获胜而贿赂法官，法官在审判过程中徇私枉法，极有可能导致审判结果的不公。因此，如果孙某能证明一审及二审法官收受了田某的贿赂，可以向上级法院申请再审。孙某在掌握了相关证据的情况下向上一级人民法院申请再审时，人民法院应当受理。

法律条文

《中华人民共和国民事诉讼法》

第一百九十九条 当事人对已经发生法律效力的判决、裁定，认为有错误的，可以向上一级人民法院申请再审；当事人一方人数众多或者当事人双方为公民的案件，也可以向原审人民法院申请再审。当事人申请再审的，不停止判决、裁定的执行。

第二百条 当事人的申请符合下列情形之一的，人民法院应当再审：

……

（十三）审判人员审理该案件时有贪污受贿，徇私舞弊，枉法裁判行为的。

第二百零四条第一款 人民法院应当自收到再审申请书之日起三个月内审查，符合本法规定的，裁定再审；不符合本法规定的，裁定驳回申请。有特殊情况需要延长的，由本院院长批准。

一句话说法

因法官受贿导致败诉的，败诉方在掌握了相关证据的情况下可以向上一级人民法院申请再审。

45. 因地震延误了上诉期，还能上诉吗？

案例背景

王大爷有两个儿子大王和小王，王大爷去世后，大王与小王因继承遗产发生了纠纷，小王将大王打伤。事后，大王一气之下将小王告上法院，要求小王对其进行赔偿。法院受理此案后，经过审理，判决支持大王的请求，但赔偿金额没有达到大王的要求，大王遂决定上诉。但是，大王正在外地出差，又赶上地震，等他赶回来的时候已经过了上诉期。

学法有疑

那么，大王还有权上诉吗？

法律讲堂

大王仍然有上诉权。上诉，是指当事人不服地方第一审人民法院作出的未生效裁判，在法定期间内，要求上一级人民法院对上诉请求的有关事实和法律适用进行审理的诉讼行为。同其他民事诉讼程序一样，上诉也是有时效限制的，当事人必须在法定的时间内提起上诉才有效，但是该规定有例外情况。根据我国《民事诉讼法》第八十三条规定："当事人因不可抗拒的事由或者其他正当理由耽误期限的，在障碍消除后的十日内，可以申请顺延期限，是否准许，由人民法院决定。"也就是说，当事人因不可抗拒的事由耽误了上诉期限的，在障碍消除后 10 日内，可以申请顺延期限，法院视其为法定上诉期限。

本案中，大王在外地出差，遇上地震，由于天灾影响，无法在规定的时间内提起上诉。地震属于不可抗力，无法避免。如果大王在道路畅通后 10 日内提起上诉，法院会认定在法定上诉期内，大王依然享有上诉权。

法律条文

《中华人民共和国民事诉讼法》

第八十三条 当事人因不可抗拒的事由或者其他正当理由耽误期限的，在障碍消除后的十日内，可以申请顺延期限，是否准许，由人民法院决定。

第一百六十四条第一款 当事人不服地方人民法院第一审判决的，有权在判决书送达之日起十五日内向上一级人民法院提起上诉。

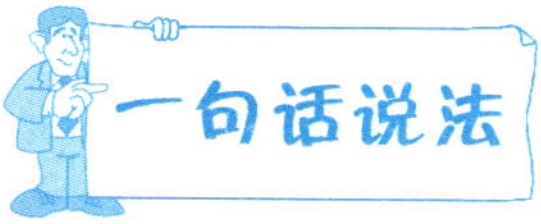

一句话说法

当事人对第一审人民法院的判决、裁定提起上诉，必须在法律规定的期限内进行。但在特殊情况下，比如遇到了不可抗力等正当事由，可以申请顺延上诉期限。人民法院经查明确系因不可抗拒的事由而耽误上诉期的，应当准许顺延期限，以保护当事人的上诉权。

46. 判决生效后，检察院是否能要求法院重审？

案例背景

熊某常年在外跑运输，因遭遇车祸，不幸身亡。其妻子张某向法院提起诉讼，要求得到10万元赔偿金。经过法院的调查，对于该车祸的发生，熊某也有一部分责任，因此判决肇事司机赔偿熊某的妻子5万元。事后检察院认为此案不应这样判决。

学法有疑

面对法院已经生效的判决，检察院是否能要求重新审理？

法律讲堂

根据《民事诉讼法》第二百零八条的规定可知，检察院可以抗诉，要求法院重新审理。抗诉，是指人民检察院对人民法院已经生效的民事判决、裁定，认为确有错误，依法提请人民法院对案件重新审理的诉讼行为。

本案中，法院已经作出判决，而且已经生效。但是，本案的判决如果的确存在问题，有明显的失当之处，检察院就可依法提起抗诉，要求法院再审，行使审判监督的职能，以便更好地维护公民的合法权益。遇到这种情况，作为诉讼当事人的公民可以向人民检察院陈述情况，请求依法抗诉。

法律条文

《中华人民共和国民事诉讼法》

第二百零八条 最高人民检察院对各级人民法院已经发生法律效力的判决、裁定，上级人民检察院对下级人民法院已经发生法律效力的判决、裁定，发现有本法第二百条规定情形之一的，或者发现调解书损害国家利益、社会公共利益的，应当提出抗诉。

地方各级人民检察院对同级人民法院已经发生法律效力的判决、裁定，发现有本法第二百条规定情形之一的，或者发现调解书损害国家利益、社会公共利益的，可以向同级人民法院提出检察建议，并报上级人民检察院备案；也可以提请上级人民检察院向同级人民法院提出抗诉。

各级人民检察院对审判监督程序以外的其他审判程序中审判人员的违法行为，有权向同级人民法院提出检察建议。

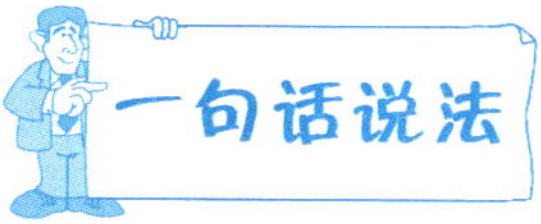

依审判监督程序提起抗诉，是人民检察院行使审判监督权的重要方面。依审判监督程序提起的抗诉，没有期限的限制，只要人民检察院发现生效的判决和裁定有错误，符合有新的证据、适用法律有错误等法定情形的，不论判决和裁定是在执行中，还是已经执行完毕，均可提出抗诉。

47. 发现新证据时，已经审理终结的案件还可以要求重审吗？

案例背景

一天，钟某下班时被对面驶来的一辆车撞倒，司机下车了解到钟某没有问题后就走了。不久之后，钟某总是感到头痛，到医院检查后才知道是上次车祸留下的后遗症。于是钟某找到该司机，希望得到赔偿，但遭到了拒绝。钟某向法院提起诉讼，要求赔偿。法院经过审理，支持了钟某的诉求，但由于钟某也存在过错，因此赔偿金额没有达到钟某的要求。后来，钟某掌握了新证据，希望法院能重新审理此案。

学法有疑

发现新证据时，已经审理终结的案件还可以要求重审吗？

法律讲堂

钟某可以申请法院重新审理此案。证据是法院作出判决的主要依据，一个至关重要的证据往往能推翻已经作出的判决。根据我国《民事诉讼法》第二百条的规定，当事人有新的证据，足以推翻原判决、裁定的，人民法院应当再审。因此，如果当事人要求提交重要的新证据，法院不能以案件已经审结为名拒绝接受。

本案中，虽然案件已经审结，判决已经生效。但是，钟某经过调查，掌握了新的合法证据，其要求提交的证据至关重要，可以推翻原判，所以法院应该接受新证据，重新审理此案。

法律条文

《中华人民共和国民事诉讼法》

第二百条 当事人的申请符合下列情形之一的，人民法院应当再审：

（一）有新的证据，足以推翻原判决、裁定的；

……

再审是为纠正已经发生法律效力的错误判决、裁定，依照审判监督程序，对案件进行重新审理。因此，当当事人有新的证据，足以推翻原判决、裁定时，说明原判决、裁定存在一定的错误，法院应当再审。

48. 已经生效的调解书，可以申请再审吗？

案例背景

田某与妻子吴某结婚不久，感情便开始破裂。吴某怀疑田某有外遇，于是向法院提起诉讼，要求法院判决离婚，并要求得到孩子的抚养权。在法院的主持下，双方达成调解协议，判决田某与吴某离婚，但孩子的抚养权属于田某。调解书生效后，吴某提出证据证明调解协议是在田某的威胁下达成的，要求再审。

学法有疑

对于已经生效的调解书可以申请再审吗？

法律讲堂

对已经生效的调解书可以申请再审。根据我国《民事诉讼法》第二百零一条的规定可知，对于已经生效的调解书，当事人能够提供证据证明调解违反自愿原则或者调解协议的内容违反法律的，可以申请再审。调解与判决不同，调解是人民法院在当事人自愿的原则下进行的，调节书是当事人真实的意思表示，因此当事人通常不会申请再审，法律也不允许当事人对调解书随意申请再审。但是调解应该建立在当事人合意和合法的基础上，如果做不到这两点，就表明调解是不公正、不合法的，因此法律允许对于这种不公正的调解书申请再审，以实现公平正义。本案中，调解是吴某在田某的威胁下达成的，不是吴某的真实意思表示，违反了自愿原则，因此吴某可以申请再审。

法律条文

《中华人民共和国民事诉讼法》

第二百零一条 当事人对已经发生法律效力的调解书，提出证据证明调解违反自愿原则或者调解协议的内容违反法律的，可以申请再审。经人民法院审查属实的，应当再审。

一句话说法

调解书是在当事人自愿、协商的基础上达成的，对调解书申请再审的理由只能是“调解违反自愿原则或者调解协议的内容违反法律”两项，其他的问题，如程序问题，不能作为申请再审的理由。

第六节 案件的执行

49. 经过调解达成的协议，具有法律效力吗？

案例背景

杨某下班后到农贸市场去买肉，正好发现有一家店铺的肉在搞促销，杨某觉得很便宜就买了一些回去。结果第二天杨某一家人全部上吐下泻，到医院检查后才知道是吃坏了东西，杨某这才想起是因为昨天买的肉有问题。杨某找到了该肉铺的老板，向老板说明了情况，并要求老板赔偿其医药费，但肉铺老板坚决不同意，称自己的肉都是新鲜的。于是杨某一纸诉状将肉铺老板告上了法庭，法院在双方自愿的情况下对该案件进行了调解，双方最终达成了协议。

学法有疑

双方经过调解达成的协议，具有法律效力吗？

法律讲堂

法庭调解，是指在人民法院审判人员的主持下，双方当事人就民事争议通过自愿协商达成协议的活动和结案方式。《民事诉讼法》第九十七条第三款明确规定：“调解书经双方当事人签收后，即具有法律效力。”本案中，杨某与肉铺老板经法院调解，自愿达成协议，该协议经双方当事人签收后即产生法律效力，对杨某与肉铺老板都有法律约束力。

法律条文

《中华人民共和国民事诉讼法》

第九十七条 调解达成协议，人民法院应当制作调解书。调解书应当写明诉讼请求、案件的事实和调解结果。

调解书由审判人员、书记员署名，加盖人民法院印章，送达双方当事人。

调解书经双方当事人签收后，即具有法律效力。

在民事诉讼中，调解成功且当事人签收调解书后就可以结案了。如果调解不成功，诉讼继续进行。

50. 在执行过程中，如果执行标的涉及案外人的财产，案外人如何保护自己的利益？

案例背景

范某在与李某争夺汽车所有权的诉讼中败诉，李某向法院申请强制执行，要求范某将汽车交出来。但在执行的过程中，王某却从半路中“杀出来”，声称该汽车为自己所有，并且向法院提供了自己对这辆车拥有所有权的证据。

学法有疑

那么，王某该如何保护自己的利益？

法律讲堂

本案中涉及执行异议的问题。执行异议是指在执行过程中，没有参加执行程序的案外人，对被执行标的主张实体权利或者提出不同意见。提出执行异议要符合以下几个条件：（一）提出执行异议的主体必须是案外人；（二）案外人对被执行的标的物主张实体权利，即认为该标的物为自己所有或标的物与自己有某种利害关系；（三）要在执行过程中提出来；（四）一般要以书面形式提出。根据《民事诉讼法》第二百二十七条的规定可知，在执行过程中，案外人对执行标的提出书面异议的，法院经审查认为理由成立的，裁定中止对该标的物的执行；理由不成立的，裁定驳回。如果案外人或当事人对裁定不服，认为据以执行的原判决或裁定有误，可以提起再审。如果与原判决、裁定无关，可以另行起诉。因此，王某可以向法院提出书面的执行异议来保护自己的利益。

法律条文

《中华人民共和国民事诉讼法》

第二百二十七条 执行过程中，案外人对执行标的提出书面异议的，人民法院应当自收到书面异议之日起十五日内审查，理由成立的，裁定中止对该标的的执行；理由不成立的，裁定驳回。案外人、当事人对裁定不服，认为原判决、裁定错误的，依照审判监督程序办理；与原判决、裁定无关的，可以自裁定送达之日起十五日内向人民法院提起诉讼。

一句话说法

在执行过程中，案外人的利益受到损害时，可以向法院提出书面的执行异议，法院经过审查会作出相应处理。

51. 被执行人拒不迁出房屋，强制迁出后也拒不接收房内物品的，谁来承担造成的损失？

案例背景

杨某于2018年5月1日向孙某借款40万元，用来扩大超市规模，两人约定杨某于2019年4月30日将借款归还完毕。还款期限到了之后，杨某一直没有还款。孙某多次催要未果，无奈之下，向人民法院起诉要求杨某归还欠款。在诉讼过程中，孙某因担心判决后依旧存在追不回欠款的可能，于是申请人民法院对杨某进行财产保全。人民法院经审理查明杨某还有一套商铺，可以用来继续开超市，便作出了查封杨某商铺的决定，但被执行人杨某拒不迁出。

学法有疑

人民法院对杨某拒不迁出房屋的行为该如何处理？如果强制迁出后杨某拒不接收房内物品，谁来承担造成的损失？

法律讲堂

本案中出现的问题在司法执法的过程中经常会遇到。法院强制执行制度的设立目的就在于解决当事人不配合执行的问题，法院应当在当事人不予配合时利用司法强制力保障执法，实现公平正义，保障社会整体和谐。根据《民事诉讼法》第二百五十条第三款的规定可知，强制迁出房屋被搬出的财物，由人民法院派人运至指定处所，交给被执行人，因拒绝接收而造成的损失，由被执行人承担。本案中，在被执行人杨某拒不搬出房屋的情况下，法院可以强制杨某搬出，并且如果杨某在搬出后拒不接收房屋内的物品，因此而造成的损失由被执行人杨某自己负责。

法律条文

《中华人民共和国民事诉讼法》

第二百五十条第三款 强制迁出房屋被搬出的财物，由人民法院派人运至指定处所，交给被执行人。被执行人是公民的，也可以交给他的成年家属。因拒绝接收而造成的损失，由被执行人承担。

一句话说法

在司法实践中，经常存在当事人不配合执行的问题，因此法院会在当事人不予配合时利用司法强制力保障执法，实现公平正义，保障社会整体和谐。

52. 故意毁损被查封的财产的，会受到怎样的惩罚？

案例背景

2018年2月18日，孟某因资金短缺自周某处借款20万元，并签订了借款协议书。协议约定，孟某向周某借款20万元，借期为一年。2019年2月17日，该笔借款到期，周某多次要求孟某偿还借款，孟某均以没钱为由推托。周某无奈将孟某诉至法院，并提起了保全申请。法院受理周某的保全申请后，遂作出裁定，查封了孟某的自用捷达轿车一辆。法院判决生效以后，周某申请法院强制执行，此时才发现孟某已经将其捷达轿车故意砸坏，车已经报废了。

学法有疑

孟某的行为应该受到怎样的处罚呢？

法律讲堂

查封的目的在于促使被执行人履行生效的法律文书所确定的义务，以实现申请人的权利。我国《民事诉讼法》第一百一十一条明确规定："诉讼参与人或者其他人有下列行为之一的，人民法院可以根据情节轻重予以罚款、拘留；构成犯罪的，依法追究刑事责任：……（三）隐藏、转移、变卖、毁损已被查封、扣押的财产，或者已被清点并责令其保管的财产，转移已被冻结的财产的；……人民法院对有前款规定的行为之一的单位，可以对其主要负责人或者直接责任人员予以罚款、拘留；构成犯罪的，依法追究刑事责任。"根据此条规定，诉讼参与人或者其他人隐藏、转移、变卖、毁损已被查封、扣押的财产，或者已被清点并责令其保管的财产，转移已被冻结的财产的，情节严重的，可以追究其刑事责任。其中，已被司法机关查封、扣押、冻结的财产，是指司法机关依照法律规定的条件和程序，履行法律规定的手续而查封、扣押、冻结的财产。

本案中，被告孟某明知该捷达轿车已被法院查封，却故意予以毁损，人民法院可以视情节对孟某处以罚款、拘留的处罚；情节严重，构成犯罪的，要依法追究其刑事责任。

法律条文

《中华人民共和国民事诉讼法》

第一百一十一条 诉讼参与人或者其他人有下列行为之一的，人民法院可以根据情节轻重予以罚款、拘留；构成犯罪的，依法追究刑事责任：

……

（三）隐藏、转移、变卖、毁损已被查封、扣押的财产，或者已被清点并责令其保管的财产，转移已被冻结的财产的；

……

人民法院对有前款规定的行为之一的单位，可以对其主要负责人或者直接责任人员予以罚款、拘留；构成犯罪的，依法追究刑事责任。

一句话说法

对于查封扣押的财产，有关当事人应该保护好，不得故意损坏，否则，应承担相应的法律责任。

53. 达成执行和解后，如何处理一方不履行或未完全履行和解协议的情况？

案例背景

钱某欠王某半年的房租，法院判决钱某支付王某本息共计1.5万元。王某申请执行，在执行过程中，王某认为大家出门在外都不容易，就与钱某达成和解：钱某在两个月内支付王某1万元，剩下的5000元由钱某到王某的厂里工作的劳务费来抵销。但钱某既没有还钱，也没有去厂里工作。

学法有疑

面对钱某的做法，王某该怎么办？

法律讲堂

王某可以向法院申请恢复执行未还的1.5万元。本案涉及执行和解，所谓执行和解是指在执行过程中双方自愿协商达成协议，变更原生效法律文书所确定的履行义务的主体、标的物、数额、履行方式或期限等。达成执行和解只需要双方当事人协商一致即可，不需要法院的同意。执行和解不同于执行担保，执行担保除双方同意外还要取得法院的同意。根据《民事诉讼法》第二百三十条的规定可知，双方达成和解协议后，当事人不履行和解协议的，人民法院可以根据当事人的申请，恢复对原生效法律文书的执行。因此，本案中，钱某未履行和解协议，王某可以请求法院恢复执行原判决。

法律条文

《中华人民共和国民事诉讼法》

第二百三十条 在执行中，双方当事人自行和解达成协议的，执行员应当将协议内容记入笔录，由双方当事人签名或者盖章。

申请执行人因受欺诈、胁迫与被执行人达成和解协议，或者当事人不履行和解协议的，人民法院可以根据当事人的申请，恢复对原生效法律文书的执行。

一句话说法

当事人双方达成执行和解后，一方不履行或未完全履行和解协议的，另一方可以请求法院恢复执行原判决。

54. 被执行人延期履行义务需要承担什么后果?

案例背景

甲小区的管道坏了，业主多次找物业维修，一直未果。于是，业主将物业公司告上法院，法院判决物业公司在一周内维修好。可是已经过了两周，物业公司仍没有维修。后来，在业主的申请下，法院联系了维修管道的单位，并就维修费用对物业公司进行了强制执行。

学法有疑

该物业公司一直未履行判决给业主带来了不便，其需要承担什么后果?

法律讲堂

该物业公司还应当承担迟延履行金。根据《民事诉讼法》第二百五十三条的规定可知，被执行人未按照判决、裁定和其他法律文书指定的期间履行金钱给付义务的，应当加倍支付迟延履行期间的债务利息，被执行人未按指定期间履行非金钱债务的，应当支付迟延履行金。这实际上是对迟延履行债务的一种惩罚措施，根据金钱债务与非金钱债务的不同，迟延履行金也有所不同，金钱债务的迟延履行金是迟延履行期间的利息；而非金钱债务的迟延履行金则不同，如果迟延履行给申请执行人造成了损失，则双倍补偿申请执行人已经受到的损失，如果没有造成损失，则由法院根据案件具体情况确定迟延履行金的数额。

法律条文

《中华人民共和国民事诉讼法》

第二百五十三条 被执行人未按判决、裁定和其他法律文书指定的期间履行给付金钱义务的，应当加倍支付迟延履行期间的债务利息。被执行人未按判决、裁定和其他法律文书指定的期间履行其他义务的，应当支付迟延履行金。

一句话说法

人民法院已经发生法律效力的判决、裁定和调解协议是必须履行的，否则不仅影响法律的严肃性，还会损害有关当事人的合法权益。当事人不自觉履行法院已生效的判决、裁定及调解协议规定的义务，应当承担相应的法律后果。

55. 拒不执行判决的，要承担什么法律后果？

案例背景

张某和胡某是夫妻，张某有外遇的事情被胡某发现后，胡某向张某提出离婚，要求分得三分之一的财产并取得孩子的抚养权，但张某不同意。于是，胡某一纸诉状将张某诉至法院。法院最终判决张某与胡某离婚，三分之一的财产以及孩子的抚养权由胡某所得。判决生效后，张某不执行生效判决书确定的义务，胡某申请法院强制执行，但至今无果。

学法有疑

张某拒不执行生效的民事判决，要承担什么法律后果？

法律讲堂

打赢官司并不意味着胜诉方能获得判决所确定的给付内容，生效判决能否得到完全履行事关当事人最核心的利益；如果生效法律文书得不到履行，便是一纸空文，对胜诉方没有多大的实质意义。而在实践中，“打赢了官司，却拿不到钱”的情况很多。据此，我国《民事诉讼法》第一百一十一条明确规定：“诉讼参与人或者其他人有下列行为之一的，人民法院可以根据情节轻重予以罚款、拘留；构成犯罪的，依法追究刑事责任：……（六）拒不履行人民法院已经发生法律效力的判决、裁定的。人民法院对有前款规定的行为之一的单位，可以对其主要负责人或者直接责任人员予以罚款、拘留；构成犯罪的，依法追究刑事责任。”根据此条规定可知，拒不履行生效的判决、裁定，情节严重，构成犯罪的，要依法追究其刑事责任。当然，构成拒不履行生效法律文书罪的前提是，被执行人有能力履行却拒不履行。本案中，张某有能力履行该民事判决却拒不履行，其行为已然触犯了法律底线，应当承担相应的法律责任。人民法院可以视情节轻重对张某处以罚款、拘留的处罚，如果情节严重，构成拒不履行生效法律文书罪的，要依法追究其刑事责任。

法律条文

《中华人民共和国民事诉讼法》

第一百一十一条 诉讼参与人或者其他人有下列行为之一的，人民法院可以根据情节轻重予以罚款、拘留；构成犯罪的，依法追究刑事责任：

……

（六）拒不履行人民法院已经发生法律效力的判决、裁定的。

人民法院对有前款规定的行为之一的单位，可以对其主要负责人或者直接责任人员予以罚款、拘留；构成犯罪的，依法追究刑事责任。

一句话说法

生效的判决、裁定被履行后，才能使当事人的利益得到维护，否则判决书、裁定书只是一纸空文。因此，对有执行能力而拒不执行的当事人，法院应当根据情节轻重给予相应的处罚，以保证判决、裁定的顺利执行。

56. 败诉方不履行判决书，应该报告相关的财产情况吗？

案例背景

陈某与董某因合同纠纷问题诉至某法院，法院经过审理，最终判决陈某应当按照合同中的约定履行其责任，并对董某进行相应的赔偿。判决书下来后，陈某一直没有履行合同中的约定，董某也没有收到陈某的赔偿款项。后董某向法院申请了强制执行，法院受理后依法向陈某发出了执行通知。但是陈某因经济困难，仍不能执行。

学法有疑

被执行人陈某应该报告相关的财产情况吗？

法律讲堂

根据《民事诉讼法》第二百四十一条的规定可知，被执行人未按执行通知履行法律文书确定的义务，应当报告当前以及收到执行通知之日前一年的财产情况，以便于法院及时掌握被执行人的信息，掌握被执行人是否具备履行判决的条件，是否有履行判决的可能。法院的判决书具有约束力和强制执行力，判决书生效后，双方当事人应当及时履行。陈某在履行期限内并未履行法院的生效判决，并且在法院发出强制执行的通知后，仍未执行。如此，根据法律规定，陈某应该向法院报告其相关的财产情况，便于法院了解其履行判决的能力，及时解决当事人的纠纷。

法律条文

《中华人民共和国民事诉讼法》

第二百四十一条 被执行人未按执行通知履行法律文书确定的义务，应当报告当前以及收到执行通知之日前一年的财产情况。被执行人拒绝报告或者虚假报告的，人民法院可以根据情节轻重对被执行人或者其法定代理人、有关单位的主要负责人或者直接责任人员予以罚款、拘留。

一句话说法

诉讼双方当事人未按照执行通知履行法律文书确定的义务，根据法律规定，应当向法院报告其相关的财产情况。

57. 被执行人死亡的，是否还需要执行？

案例背景

蒋某与余某是同学，余某想开一家公司，由于资金不足就找到蒋某借款20万元，并写下借条，内容是一年内连本带息共归还蒋某25万元。一年的时间过去了，余某一直没有向蒋某提过还钱的事情，蒋某去找余某要，但余某一直躲着不见他。蒋某一气之下将余某告上法院，请求法院判决余某还钱。经审理，法院支持蒋某的诉讼请求。但是在案件执行过程中，余某却突发疾病去世。

学法有疑

那么，被执行人死亡的，判决还执行吗？

法律讲堂

被执行人死亡的，并不必然导致执行终结，应依据其继承人是否放弃继承遗产区别处理。我国《民事诉讼法》第二百三十二条规定："作为被执行人的公民死亡的，以其遗产偿还债务。作为被执行人的法人或者其他组织终止的，由其权利义务承受人履行义务。"同时，《最高人民法院关于适用〈中华人民共和国民事诉讼法〉的解释》第四百七十五条规定："作为被执行人的公民死亡，其遗产继承人没有放弃继承的，人民法院可以裁定变更被执行人，由该继承人在遗产的范围内偿还债务。继承人放弃继承的，人民法院可以直接执行被执行人的遗产。"据此可知，在执行中，已死亡的被执行人留有遗产，且继承人继承遗产的，则在遗产的范围内执行；若继承人放弃继承，则直接执行被执行人的遗产。所以，案例中的蒋某无须担心因余某的死亡而造成终结执行的后果。

法律条文

《中华人民共和国民事诉讼法》

第二百三十二条 作为被执行人的公民死亡的，以其遗产偿还债务。作为被执行人的法人或者其他组织终止的，由其权利义务承受人履行义务。

《最高人民法院关于适用〈中华人民共和国民事诉讼法〉的解释》

第四百七十五条 作为被执行人的公民死亡，其遗产继承人没有放弃继承的，人民法院可以裁定变更被执行人，由该继承人在遗产的范围内偿还债务。继承人放弃继承的，人民法院可以直接执行被执行人的遗产。

在执行中，被执行人死亡并不必然导致执行程序终结。如果被执行人无遗产可供执行，则执行终结；如果被继承人有遗产且继承人继承了该遗产，则由该继承人在遗产的范围内偿还债务；如果被继承人有遗产但继承人放弃继承的，则法院可以直接执行被执行人的遗产。

58. 当事人发起再审程序后，判决会停止执行吗？

案例背景

苏某与王某是多年的生意伙伴，从事虫草外销业务。苏某在归还王某欠款时，仅向王某索取了收据凭证而未拿回欠条，王某以将欠条忘在家中为由，声称回家后立即撕毁。凭着多年的兄弟情义，苏某相信了王某的承诺。不料，2019 年 12 月，王某一纸诉状将苏某告上法庭，要求其归还欠款及迟延付款利息共计 11.5 万元。一审庭审过程中，王某出示了本应撕毁的欠条，以佐证自己的主张。苏某却因疏忽大意，将还款收据弄丢了。最后，法院支持了王某的主张。在法院执行过程中，被申请执行人苏某在家中找到了还款收据，便向法院提请再审，以维护自身财产权益。

学法有疑

那么，当事人发起再审申请后，原判决会停止执行吗？

法律讲堂

除法院基于审判监督权及检察院基于检察监督权发起再审程序外，当事人有权通过提请再审的方式维护自己的合法权益。我国《民事诉讼法》第一百九十九条规定："当事人对已经发生法律效力的判决、裁定，认为有错误的，可以向上一级人民法院申请再审；当事人一方人数众多或者当事人双方为公民的案件，也可以向原审人民法院申请再审。当事人申请再审的，不停止判决、裁定的执行。"由此可知，法律赋予当事人较为宽松的进入再审程序的条件，只要当事人认为已生效的判决、裁定有错误，就有权申请再审。但是，为了维护法院生效裁判的既判力，同时维护社会秩序的稳定，当事人发起再审程序的，原判决、裁定并不会停止执行。

法律条文

《中华人民共和国民事诉讼法》

第一百九十九条 当事人对已经发生法律效力的判决、裁定，认为有错误的，可以向上一级人民法院申请再审；当事人一方人数众多或者当事人双方为公民的案件，也可以向原审人民法院申请再审。当事人申请再审的，不停止判决、裁定的执行。

当事人发起再审程序后，原判决、裁定不会停止执行。这也是维护判决严肃性的体现。

59. 被执行人全部履行了判决书的义务后，其名字可以从失信名单中删除吗？

案例背景

李某和谭某因债务纠纷问题诉至法院。后来，法院判决李某偿还谭某钱款共计12.2万元。李某不服，向上级法院提起上诉。该案经过二审以后，维持了一审判决。对于终审判决，李某拒不执行。因此，李某被人民法院纳入失信被执行人名单，依法受到了信用惩戒。没过多久，李某在妻子的劝说下履行了判决书所规定的全部义务，将12.2万元及利息全部还给了李某。

学法有疑

那么，李某的名字可以从失信被执行人名单中删除吗？

法律讲堂

为促使被执行人自觉履行生效法律文书确定的义务，推进社会信用体系建设，最高人民法院审判委员会第1582次会议通过了《最高人民法院关于公布失信被执行人名单信息的若干规定》，其中第一条明确规定，被执行人具有履行能力而拒不履行生效法律文书确定的义务的，人民法院应当将其纳入失信被执行人名单，依法对其进行信用惩戒。本案中，李某就是因拒不履行生效判决而被人民法院纳入失信被执行人名单的。后来，李某主动履行了判决所规定的义务，那么，按照该规定第十条，失信被执行人已履行了生效法律文书确定义务的，人民法院应当在三个工作日内将李某的有关信息从失信被执行人名单中删除。

法律条文

《最高人民法院关于公布失信被执行人名单信息的若干规定》

第一条 被执行人未履行生效法律文书确定的义务，并具有下列情形之一的，人民法院应当将其纳入失信被执行人名单，依法对其进行信用惩戒：

（一）有履行能力而拒不履行生效法律文书确定义务的；

（二）以伪造证据、暴力、威胁等方法妨碍、抗拒执行的；

（三）以虚假诉讼、虚假仲裁或者以隐匿、转移财产等方法规避执行的；

（四）违反财产报告制度的；

（五）违反限制消费令的；

（六）无正当理由拒不履行执行和解协议的；

第十条 具有下列情形之一的，人民法院应当在三个工作日内删除失信信息：

（一）被执行人已履行生效法律文书确定的义务或人民法院已执行完毕的；

（二）当事人达成执行和解协议且已履行完毕的；

（三）申请执行人书面申请删除失信信息，人民法院审查同意的；

（四）终结本次执行程序后，通过网络执行查控系统查询被执行人财产两次以上，未发现有可供执行财产，且申请执行人或者其他人未提供有效财产线索的；

（五）因审判监督或破产程序，人民法院依法裁定对失信被执行人中止执行的；

（六）人民法院依法裁定不予执行的；

（七）人民法院依法裁定终结执行的。

有纳入期限的，不适用前款规定。纳入期限届满后三个工作日内，人民法院应当删除失信信息。

依照本条第一款规定删除失信信息后，被执行人具有本规定第一条规定情形之一的，人民法院可以重新将其纳入失信被执行人名单。

依照本条第一款第三项规定删除失信信息后六个月内，申请执行人申请将该被执行人纳入失信被执行人名单的，人民法院不予支持。

一句话说法

不履行生效法律文书确定的义务的，有可能被纳入失信被执行人名单。如果被纳入失信名单，可以通过履行法律文书中的义务来解除。

第七节 特殊的民事官司

60. 被告下落不明的案件可以适用简易程序吗？

案例背景

刘某与陈某早年间曾一同做生意，有些交情。2019 年，陈某找刘某借款 50 万元用于新公司的资金周转，刘某出于对陈某的信任便将钱借给了他，双方约定一年后归还。谁料，4 个月后，陈某便主动还给刘某 15 万元，刘某见陈某有一定的还款能力，便表示自己不着急用钱，陈某可以拿着继续用。然而，当约定的一年还款期限届满时，陈某并没有还钱的意思。刘某有些坐不住了，便去陈某的住处找他，但发现已经人去楼空。刘某无奈，只好将陈某诉至法院，要求其归还借款。可是，直到开庭前，法院仍然无法联系到陈某。

学法有疑

被告下落不明的案件，可以适用简易程序吗？

法律讲堂

简易程序，是指基层人民法院及其派出法庭审理简单民事案件时所适用的较一审普通程序更为简单的审判程序。简易程序相对于第一审程序中的普通程序而言更为简单，易于执行、方便群众。我国《民事诉讼法》第一百五十七条第一款规定，基层人民法院和它派出的法庭审理事实清楚、权利义务关系明确、争议不大的简单的民事案件，适用简易程序规定。“事实清楚”是指当事人双方对争议的事实陈述基本一致，并能提供可靠的证据，无须人民法院调查收集证据即可判断事实，分清是非；“争议不大”是指当事人对案件的是非、责任以及诉讼标的的争执无原则性的分歧。而本案中，因被告下落不明，法院便无法得知双方对争议事实的陈述是否一致，对诉讼标的的争执有无分歧，因此不适用简易程序。对此，《最高人民法院关于适用〈中华人民共和国民事诉讼法〉的解释》第二百五十七条也明确规定，起诉时被告下落不明的案件不适用简易程序。

法律条文

《中华人民共和国民事诉讼法》

第一百五十七条　基层人民法院和它派出的法庭审理事实清楚、权利义务关系明确、争议不大的简单的民事案件，适用本章规定。

基层人民法院和它派出的法庭审理前款规定以外的民事案件，当事人双方也可以约定适用简易程序。

《最高人民法院关于适用〈中华人民共和国民事诉讼法〉的解释》

第二百五十七条　下列案件，不适用简易程序：

（一）起诉时被告下落不明的；

（二）发回重审的；

（三）当事人一方人数众多的；

（四）适用审判监督程序的；

（五）涉及国家利益、社会公共利益的；

（六）第三人起诉请求改变或者撤销生效判决、裁定、调解书的；

（七）其他不宜适用简易程序的案件。

一句话说法

除了法律明确规定适用简易程序的情形，当事人还可以就其他案件约定适用简易程序，但约定适用简易程序的案件不包括法律明确规定不适用简易程序的案件，因为这些多为案情较为复杂或涉及利益面较广的案件。

61. 简易程序可以忽略当事人陈述的权利吗?

案例背景

2019年11月，姜某驾驶一辆两轮摩托车在十字路口由西向东直行，遇曾某驾驶小轿车相对左转弯行驶。两车相撞，姜某受伤。姜某住院治疗78天，经司法医学鉴定为十级伤残。交警大队对此事故责任认定的结果是轿车驾驶员曾某负主要责任，摩托车驾驶员姜某负次要责任。后姜某将曾某告上法庭，要求曾某及其车辆投保的保险公司赔偿自己因此次交通事故造成的医疗费、误工费等损失共计66748.3元。法院受理后，原告姜某提出适用简易程序，但被告曾某不同意，原因是担心自己陈述意见的权利被“简易”掉。

学法有疑

曾某的担心是必要的吗？简易程序可以忽略当事人陈述的权利吗？

法律讲堂

曾某的担心并无必要。简易程序虽然简便，但不能忽略当事人陈述意见的权利。我国《民事诉讼法》第一百五十九条规定：“基层人民法院和它派出的法庭审理简单的民事案件，可以用简便方式传唤当事人和证人、送达诉讼文书、审理案件，但应当保障当事人陈述意见的权利。”当事人陈述意见的权利是当事人的基本诉讼权利，是当事人表达诉求和辩解的途径，对于查明案件事实、推动审理进程具有重要意义，因此，即使适用简易程序也不能将此权利忽略。适用简易程序的简便之处在于：传唤双方当事人、通知证人和送达一般诉讼文书可以采用简便方式，如捎口信、电话、短信、传真、电子邮件等；由审判员独任审判，书记员担任记录；审理期限较短，为三个月；审理过程灵活，不受普通程序规定的严格限制。因此，本案中的曾某无须担心自己陈述意见的权利被“简易”掉。

法律条文

《中华人民共和国民事诉讼法》

第一百五十九条 基层人民法院和它派出的法庭审理简单的民事案件，可以用简便方式传唤当事人和证人、送达诉讼文书、审理案件，但应当保障当事人陈述意见的权利。

第一百六十一条 人民法院适用简易程序审理案件，应当在立案之日起三个月内审结。

《最高人民法院关于适用〈中华人民共和国民事诉讼法〉的解释》

第二百五十八条第一款 适用简易程序审理的案件，审理期限到期后，双方当事人同意继续适用简易程序的，由本院院长批准，可以延长审理期限。延长后的审理期限累计不得超过六个月。

一句话说法

在诉讼程序中，无论是普通程序还是简易程序，无论是一审还是二审，法律都应当保障双方当事人（原告、被告）陈述的权利，这既是公民基本诉讼权利的体现，也是宪法保护公民基本诉讼权利的必然要求。

62. 追索赡养费案件是否可以适用小额诉讼程序?

案例背景

黄奶奶今年79岁高龄，大儿子已经去世，只剩二儿子张某负责照料她的生活。早年间因分家起了争议，黄奶奶和二儿子的关系一直不好，张某对母亲的态度十分冷淡。2018年，在村委会的调解下，双方签订了一份赡养协议，约定张某每月给母亲600元生活费，直至黄奶奶去世。但从2019年1月开始，黄奶奶便再未收到儿子的钱。2019年6月，在好心人的帮助下，黄奶奶向法院起诉，要求儿子张某给付约定的赡养费，6个月共计3600元。法官提出此案适用小额诉讼程序。

学法有疑

什么是小额诉讼程序？该案是否适用小额诉讼程序？

法律讲堂

小额诉讼制度是以小额案件为对象的一种制度。小额案件是指案件轻微，诉讼标的金额特别小的案件。小额诉讼程序所适用的都是产生于百姓日常生活中的小案件，简单来看，小额诉讼程序可以视为简易程序的一种。我国现行《民事诉讼法》对于小额诉讼，在简易程序部分作了规定："基层人民法院和它派出的法庭审理符合本法第一百五十七条第一款规定的简单的民事案件，标的额为各省、自治区、直辖市上年度就业人员年平均工资百分之三十以下的，实行一审终审。"《最高人民法院关于适用〈中华人民共和国民事诉讼法〉的解释》第二百七十四条列举了适用小额诉讼程序审理的金钱给付案件，其中包括"身份关系清楚，仅在给付的数额、时间、方式上存在争议的赡养费、抚育费、扶养费纠纷"。从本案中的诉讼标的来看，可以适用小额诉讼程序。

法律条文

《中华人民共和国民事诉讼法》

第一百六十二条 基层人民法院和它派出的法庭审理符合本法第一百五十七条第一款规定的简单的民事案件，标的额为各省、自治区、直辖市上年度就业人员年平均工资百分之三十以下的，实行一审终审。

《最高人民法院关于适用〈中华人民共和国民事诉讼法〉的解释》

第二百七十四条 下列金钱给付的案件，适用小额诉讼程序审理：

（一）买卖合同、借款合同、租赁合同纠纷；

（二）身份关系清楚，仅在给付的数额、时间、方式上存在争议的赡养费、抚育费、扶养费纠纷；

（三）责任明确，仅在给付的数额、时间、方式上存在争议的交通事故损害赔偿和其他人身损害赔偿纠纷；

（四）供用水、电、气、热力合同纠纷；

（五）银行卡纠纷；

（六）劳动关系清楚，仅在劳动报酬、工伤医疗费、经济补偿金或者赔偿金给付数额、时间、方式上存在争议的劳动合同纠纷；

（七）劳务关系清楚，仅在劳务报酬给付数额、时间、方式上存在争议的劳务合同纠纷；

（八）物业、电信等服务合同纠纷；

（九）其他金钱给付纠纷。

一句话说法

设立小额诉讼程序不仅是为了分流民事案件，减轻法院的负担，更是为了实现诉讼活动的大众化。它鼓励当事人自行诉讼，限制律师参与以降低诉讼成本，赋予法官更大的自由裁量权，程序更加灵活。

63. 小额诉讼案件的举证期限与普通程序有什么不同？

案例背景

周某是某小区业主，2019 年迁入该小区后与万家美物业管理有限公司签订了《物业管理合同书》，约定周某委托该公司对其居住的小区进行物业管理服务，同时约定了物业服务收费标准及违约金条款。在合同履行过程中，周某认为该公司未为其提供物业服务，因此拒绝交纳物业服务费，累计欠费 440 元。2019 年 7 月，万家美物业管理有限公司向法院起诉，要求周某支付物业服务费 440 元和违约金 1173.72 元。法院对该案启动了小额诉讼程序，并根据案情确定了五日的举证期限。

学法有疑

小额诉讼案件的举证期限与一审普通程序有什么不同？

法律讲堂

根据《最高人民法院关于适用〈中华人民共和国民事诉讼法〉的解释》第二百七十七条的规定可知，小额诉讼案件的举证期限由人民法院确定，也可以由当事人协商一致并经人民法院准许，但一般不超过七日。被告需要书面答辩的，答辩期间最长不超过十五日。当事人不需要举证和答辩的，法院可以立即开庭审理。本案适用小额诉讼程序，案情相对简单，法院确定的五日举证期限合理。而一审普通程序的举证规则较为严格，举证期限不得少于十五日。相比之下，小额诉讼的举证规则较为宽松，举证期限较短，这是由小额诉讼程序的本质决定的。

法律条文

《最高人民法院关于适用〈中华人民共和国民事诉讼法〉的解释》

第九十九条 人民法院应当在审理前的准备阶段确定当事人的举证期限。举证期限可以由当事人协商，并经人民法院准许。

人民法院确定举证期限，第一审普通程序案件不得少于十五日，当事人提供新的证据的第二审案件不得少于十日。

举证期限届满后，当事人对已经提供的证据，申请提供反驳证据或者对证据来源、形式等方面的瑕疵进行补正的，人民法院可以酌情再次确定举证期限，该期限不受前款规定的限制。

第二百七十七条 小额诉讼案件的举证期限由人民法院确定，也可以由当事人协商一致并经人民法院准许，但一般不超过七日。

被告要求书面答辩的，人民法院可以在征得其同意的基础上合理确定答辩期间，但最长不得超过十五日。

当事人到庭后表示不需要举证期限和答辩期间的，人民法院可立即开庭审理。

小额诉讼审限较短，举证期限更为灵活，当事人申请法院调查收集证据的期限不受举证期限届满前七日、申请证人出庭作证的期限不受举证期限届满前十日前提出的限制，有利于提高民事诉讼效率。

64. 提起公益诉讼需要符合哪些条件？

案例背景

李某和谢某二人在未经批准的情况下，从郑某手中购得某石材厂矿山的采矿权，改变原塘口位置，从山顶往下开采，并将剥山皮和开采产生的弃石往山下倾倒，20余亩林地植被被破坏殆尽。在国土资源部门数次责令停止开采的情况下，李某和谢某二人仍雇用挖掘机在矿山边坡处开路，造成该处林地严重毁坏。案发后，经法院审理，认为二人违反土地管理法规，非法占用林地，造成28.33亩林地原有植被被严重损坏，数量较大，其行为已经构成了非法占用农用地罪。鉴于犯罪造成的严重后果无法挽回，在获取充分事实证据并得到当地人民检察院支持的情况下，民间环保组织“绿色家园”提起公益诉讼，请求法院责令被告依法承担相应的民事责任，包括清除矿山采石处现存设备及弃石，原地恢复其破坏的28.33亩林地植被。

学法有疑

什么是公益诉讼？提起公益诉讼需要符合哪些条件？

法律讲堂

公益诉讼，是指对损害国家和社会公共利益的违法行为，由法律规定的特定机关和组织向人民法院提起诉讼的制度。公益诉讼不是一种单独的诉讼形式，只是诉讼目的具有一定的特殊性，一般指检察机关、公益性团体或个人所进行的具有公益性质的诉讼活动。与维护个人和组织自身的合法权益的私益诉讼相比，公益诉讼的诉讼目的是维护国家利益和社会秩序。我国《民事诉讼法》第五十五条确立了公益诉讼，但仍需进一步完善。根据《最高人民法院关于适用〈中华人民共和国民事诉讼法〉的解释》第二百八十四条的规定可知，提起公益诉讼，需符合下列条件：有明确的被告；有具体的诉讼请求；有社会公共利益受到损害的初步证据；属于法院受理诉讼范围和受诉人民法院管辖。由此可知，本案中的公益诉讼符合条件，法院应当受理。

法律条文

《中华人民共和国民事诉讼法》

第五十五条 对污染环境、侵害众多消费者合法权益等损害社会公共利益的行为，法律规定的机关和有关组织可以向人民法院提起诉讼。

人民检察院在履行职责中发现破坏生态环境和资源保护、食品药品安全领域侵害众多消费者合法权益等损害社会公共利益的行为，在没有前款规定的机关和组织或者前款规定的机关和组织不提起诉讼的情况下，可以向人民法院提起诉讼。前款规定的机关或者组织提起诉讼的，人民检察院可以支持起诉。

《最高人民法院关于适用〈中华人民共和国民事诉讼法〉的解释》

第二百八十四条 环境保护法、消费者权益保护法等法律规定的机关和有关组织对污染环境、侵害众多消费者合法权益等损害社会公共利益的行为，根据民事诉讼法第五十五条规定提起公益诉讼，符合下列条件的，人民法院应当受理：

（一）有明确的被告；

（二）有具体的诉讼请求；

（三）有社会公共利益受到损害的初步证据；

（四）属于人民法院受理民事诉讼的范围和受诉人民法院管辖。

一句话说法

公益诉讼在诉讼目的上强调对社会公共利益的维护，并以追求公共利益的全面化和最大化为诉讼宗旨。提起公益诉讼，需符合下列条件：有明确的被告；有具体的诉讼请求；有社会公共利益受到损害的初步证据；属于法院受理诉讼范围和受诉人民法院管辖。

65. 提起第三人撤销之诉，应当提供哪些证据材料？

案例背景

2017年，李某结识了已婚男子聂某，二人很快建立了恋爱关系并同居。从2018年3月开始，李某、聂某双方共同出资承接建筑装饰工程。2018年9月，聂某之妻朱某发现丈夫出轨，李某与聂某的同居关系终止。李某与聂某对承接的工程进行结算后，由聂某向李某出具了写明欠款20万元的欠条一张，后经李某催要，聂某仅偿还了1.8万元。2019年1月，朱某提起离婚诉讼，经法院调解达成调解协议，约定：房产及4套门面房归儿子所有，房贷由聂某偿还；存款及家电、家具归朱某所有；所有债权归聂某所有，所有债务由聂某偿还。2019年4月，李某在得知该调解书内容后，认为该调解书系二被告恶意逃避债务，损害了自己的合法权益，遂诉至法院，请求撤销该调解书的相关内容。

学法有疑

何为第三人撤销之诉？提起第三人撤销之诉，应当提供哪些证据材料？

法律讲堂

在现实生活中，诉讼当事人通过恶意诉讼虚假逃债的情况越来越多，为了遏制这一现象的发生，保护第三人的合法利益，《民事诉讼法》规定了第三人撤销之诉。根据《民事诉讼法》规定，因不能归责于本人的事由未参加诉讼，但有证据证明发生法律效力的判决、裁定、调解书的部分或者全部内容错误，损害其民事权益的第三人，可以自知道或者应当知道其民事权益受到损害之日起六个月内，向作出该判决、裁定、调解书的人民法院提起诉讼。人民法院经审理，认为诉讼请求成立的，应当改变或者撤销原判决、裁定、调解书；

认为诉讼请求不成立的，应当驳回诉讼请求。

本案中，在原告李某对被告聂某享有的18.2万元合法债权未得到清偿之前，二被告将夫妻共同所有的房产及存款等全部处分给其子和妻子朱某所有，由被告聂某承担所有债务，其借生效调解书达到使被告聂某逃避债务履行的主观故意明显。此做法事实上降低了被告聂某对原告李某的债务偿付能力，增大了原告李某对被告聂某享有债权受偿的风险，影响了原告债权实现的利益，因此，李某可依法提起第三人撤销之诉。同时，根据《最高人民法院关于适用〈中华人民共和国民事诉讼法〉的解释》第二百九十二条的规定可知，提起第三人撤销之诉需要提供存在下列情形的证据材料：因不能归责于本人的事由未参加诉讼；发生法律效力的判决、裁定、调解书的全部或者部分内容错误；发生法律效力的判决、裁定、调解书内容错误损害其民事权益。

法律条文

《中华人民共和国民事诉讼法》

第五十六条 对当事人双方的诉讼标的，第三人认为有独立请求权的，有权提起诉讼。

对当事人双方的诉讼标的，第三人虽然没有独立请求权，但案件处理结果同他有法律上的利害关系的，可以申请参加诉讼，或者由人民法院通知他参加诉讼。人民法院判决承担民事责任的第三人，有当事人的诉讼权利义务。

前两款规定的第三人，因不能归责于本人的事由未参加诉讼，但有证据证明发生法律效力的判决、裁定、调解书的部分或者全部内容错误，损害其民事权益的，可以自知道或者应当知道其民事权益受到损害之日起六个月内，向作出该判决、裁定、调解书的人民法院提起诉讼。人民法院经审理，诉讼请求成立的，应当改变或者撤销原判决、裁定、调解书；诉讼请求不成立的，驳回诉讼请求。

《最高人民法院关于适用〈中华人民共和国民事诉讼法〉的解释》

第二百九十二条 第三人对已经发生法律效力的判决、裁定、调解书提起撤销之诉的，应当自知道或者应当知道其民事权益受到损害之日起六个月内，向作出生效判决、裁定、调解书的人民法院提出，并应当提供存在下列情形的证据材料：

（一）因不能归责于本人的事由未参加诉讼；

（二）发生法律效力的判决、裁定、调解书的全部或者部分内容错误；

（三）发生法律效力的判决、裁定、调解书内容错误损害其民事权益。

第三人撤销之诉作为一项全新的独立诉讼制度，其设立目的是防止第三人的合法权益受到他人通过利用诉讼审判骗取法院生效法律文书等方式的不当侵害。

66. 案外人提起执行异议之诉，需要具备哪些条件？

案例背景

2019年5月，女老板金某与王某签订买卖合同，并将位于郊区的一套房产作为抵押，为合同款提供担保，但并未登记。事后金某因资金周转出现困难，无力偿还合同款，王某遂将金某告上法庭。法院认可了原、被告之间的买卖合同及抵押合同，作出了变卖抵押房产以实现合同债权的判决。在执行判决中，金某的丈夫张某对作为执行标的的房产提出书面异议，理由是该房产为夫妻共同财产，金某用此担保的债务非家庭共同债务，且张某不知晓也不同意金某的担保行为，故金某的担保行为无效，请求停止对该房产的执行。法院在进行审查后裁定驳回了张某的请求。张某对裁定不服，在裁定书送达之日便提起案外人执行异议之诉。

学法有疑

什么是案外人执行异议之诉？案外人提起执行异议之诉，需要具备哪些条件？

法律讲堂

案外人执行异议之诉，是指案外人就执行标的物享有足以有效阻止强制执行的权利，在执行程序终结前，向执行法院对申请执行人提起的旨在阻止对执行标的物的强制执行的诉讼。案外人执行异议之诉的启动有法定的前置程序，即只有在执行终结前，案外人提出书面异议声明，待执行法院作出裁定后，案外人才可以提起诉讼。案外人提起执行异议之诉，诉讼期间，原裁定不停止执行。如案外人提供担保，可以裁定停止执行；若申请执行人提供担保则裁定不停止执行。案外人执行异议之诉，经审理理由不成立的，判决驳回其诉讼请求；理由成立的，根据案外人的诉讼请求作出相应的裁判。根据《最高人民法院关于适用〈中华人民共和国民事诉讼法〉的解释》第三百零五条的规定可知，案外人提起执行异议之诉，除应符合《民事诉讼法》第一百一十九条的规定外，还应当具备的条件有：案外人的执行异议申请已经被人民法院裁定驳回；有明确的排除对执行标的执行的诉讼请求，且诉讼请求与原判决、裁定无关；自执行异议裁定送达之日起十五日内提起。本案中，张某以对房屋享有所有权为由提出执行异议，被法院裁定驳回后，在十五日内提起了案外人执行异议之诉，符合法律规定的条件。

法律条文

《中华人民共和国民事诉讼法》

第一百一十九条 起诉必须符合下列条件：

（一）原告是与本案有直接利害关系的公民、法人和其他组织；

（二）有明确的被告；

（三）有具体的诉讼请求和事实、理由；

（四）属于人民法院受理民事诉讼的范围和受诉人民法院管辖。

《最高人民法院关于适用〈中华人民共和国民事诉讼法〉的解释》

第三百零五条 案外人提起执行异议之诉，除符合民事诉讼法第一百一十九条规定外，还应当具备下列条件：

（一）案外人的执行异议申请已经被人民法院裁定驳回；

（二）有明确的排除对执行标的执行的诉讼请求，且诉讼请求与原判决、裁定无关；

（三）自执行异议裁定送达之日起十五日内提起。

人民法院应当在收到起诉状之日起十五日内决定是否立案。

案外人提起执行异议之诉的诉讼请求是请求法院停止对执行标的物的执行，诉讼的目的在于通过诉讼阻却对执行标的物的强制执行，是我国民事诉讼法中仅有的一种允许当事人在诉讼请求中提出阻却对执行标的物执行的诉讼。

67. 什么是选民资格案件?

案例背景

肖少华一直居住在桥西村正阳路39号，是该村的村民，他的选举权一直在该村行使，在该村历届村民委员会的换届选举中，肖少华都是选民。然而2019年换届选举时，村选举委员会却未将肖少华登记为选民，理由是肖少华的户口一直在乡中心小学，历届村委会将肖少华登记为选民是错误的，应当纠正。肖少华不服，向选举委员会提出申诉后，该选举委员会仍作出对肖少华的选民资格不予登记的处理决定。肖少华认为这严重侵犯了他的选举权，遂向法院起诉，请求人民法院依法撤销这一决定，并责令村选举委员会将其登记为选民。

学法有疑

什么是选民资格案件?

法律讲堂

选民资格案件，是指公民对选举委员会公布的选民资格名单有不同意见，向选举委员会申诉后，对选举委员会就申诉所作的决定不服，而向人民法院提起诉讼的案件。选民资格案件是我国《民事诉讼法》规定的特别程序的一种。选举权和被选举权是我国《宪法》赋予公民的一项政治权利。根据我国《选举法》第二十七条、第二十八条和第二十九条的规定，选举前，应当按选区进行选民登记，并在选举日的20日以前公布选民资格名单，发给选民证。公民对选举委员会公布的选民资格名单有不同意见，可以向选举委员会提出申诉。选举委员会必须在3日内对申诉依法作出决定。申请人如果对申诉决定不服，可以向人民法院起诉。

本案中，具有选民资格的起诉人肖少华的户籍虽然不在桥西村，但其一直在该村居住；该村历届村民委员会换届选举时，其都在该村进行选民登记；肖少华的选民资格已经得到该村历届村民选举委员会的登记确认，应当长期有效，非因迁出、死亡或依法被剥夺政治权利等特殊原因，不能将其从选民名单上除名。因此，肖少华请求在桥西村进行选民登记，于法有据。

法律条文

《中华人民共和国全国人民代表大会和地方各级人民代表大会选举法》

第二十七条 选民登记按选区进行，经登记确认的选民资格长期有效。每次选举前对上次选民登记以后新满十八周岁的、被剥夺政治权利期满后恢复政治权利的选民，予以登记。对选民经登记后迁出原选区的，列入新迁入的选区的选民名单；对死亡的和依照法律被剥夺政治权利的人，从选民名单上除名。

精神病患者不能行使选举权利的，经选举委员会确认，不列入选民名单。

第二十八条 选民名单应在选举日的二十日以前公布，实行凭选民证参加投票选举的，并应当发给选民证。

第二十九条 对于公布的选民名单有不同意见的，可以在选民名单公布之日起五日内向选举委员会提出申诉。选举委员会对申诉意见，应在三日内作出处理决定。申诉人如果对处理决定不服，可以在选举日的五日以前向人民法院起诉，人民法院应在选举日以前作出判决。人民法院的判决为最后决定。

《中华人民共和国民事诉讼法》

第一百八十一条 公民不服选举委员会对选民资格的申诉所作的处理决定，可以在选举日的五日以前向选区所在地基层人民法院起诉。

一句话说法

选民资格案件，由选区所在地的基层人民法院管辖。这样规定不仅方便公民起诉，而且便于受诉人民法院与选举委员会取得联系，及时向选举委员会和有关公民进行调查，查明情况，作出正确的判决。

68. 什么情况下可以申请宣告死亡？死亡宣告被撤销后有何法律效力？

案例背景

农民程某于2016年3月去国外打工的途中遇海难失踪，从此杳无音讯。2020年5月，其妻林某向当地人民法院申请宣告程某死亡并提供了相关证明，人民法院在公告三个月后，判决宣告程某死亡。由于程某的女儿程娟身体一直不好，家中又没有足够的经济能力给孩子治疗，当年6月，林某将程娟送给邻村膝下无子的邢某收养，并办理了合法的手续。同年9月23日，失踪多年的程某突然返回，经申请，法院撤销了对程某的死亡宣告。程某提出女儿程娟的收养未征得他的同意，是无效的，要求撤销收养。

学法有疑

什么情况下可以申请宣告死亡？死亡宣告被撤销后有何法律效力？

法律讲堂

宣告死亡，是指自然人离开住所，下落不明达到法定期限，经利害关系人申请，由人民法院宣告其死亡的法律制度。根据我国法律规定，申请宣告死亡需满足的条件为：下落不明满四年的；或因意外事故下落不明满二年的；或因意外事故下落不明，经有关机关证明该公民不可能生存的。宣告死亡程序直接涉及被宣告死亡人民事权利的消亡、财产所有权的转移和人身关系的变更等众多法律关系的改变。

死亡宣告仅仅是一种法律推定制度，一旦被宣告死亡的人重新出现，可依法申请撤销。根据法律规定，因继承取得其财产的公民或者组织，应当返还财产；无法返还的，应当给予适当补偿。在婚姻关系方面，如配偶尚未与别人再婚，婚姻关系自行恢复；如配偶已与他人结婚，婚姻关系不恢复。如被宣告死亡人的子女被他人依法收养，根据《民法典》第五十二条的规定：“被宣告死亡的人在被宣告死亡期间，其子女被他人依法收养的，在死亡宣告被撤销后，不得以未经本人同意为由主张收养行为无效。”因为在此期间其配偶是子女现实的、唯一的法定监护人，送养应由其配偶决定。所以本案中，程娟的送养是合法有效的，但双方可以就此协商。

法律条文

《中华人民共和国民事诉讼法》

第一百八十四条 公民下落不明满四年，或者因意外事故下落不明满二年，或者因意外事故下落不明，经有关机关证明该公民不可能生存，利害关系人申请宣告其死亡的，向下落不明人住所地基层人民法院提出。

申请书应当写明下落不明的事实、时间和请求，并附有公安机关或者其他有关机关关于该公民下落不明的书面证明。

《中华人民共和国民法典》

第五十二条 被宣告死亡的人在被宣告死亡期间，其子女被他人依法收养的，在死亡宣告被撤销后，不得以未经本人同意为由主张收养行为无效。

第五十三条 被撤销死亡宣告的人有权请求依照本法第六编取得其财产的民事主体返还财产；无法返还的，应当给予适当补偿。

利害关系人隐瞒真实情况，致使他人被宣告死亡而取得其财产的，除应当返还财产外，还应当对由此造成的损失承担赔偿责任。

与宣告失踪制度的设计目的相比，宣告死亡主要解决失踪人的民事法律关系的状态问题，而宣告失踪则主要解决失踪人的财产管理问题，故宣告死亡重在保护被宣告死亡人的利害关系人的利益，而宣告失踪则重在保护失踪人的利益。

69. 申请认定公民无民事行为能力的案件，为何要指定代理人？

案例背景

老李年轻时被地方黑恶势力迫害，致使其精神失常。后来，老李回家后变得沉默寡言，行为怪异，喜怒无常，经医院查证为精神分裂症，虽然经过一定的治疗，但情况一直无明显好转，因此夫妻二人一直无子。2018年，老李的老伴儿去世，老李经不住丧偶的打击，精神状况恶化，要不就把自己关在房间，不与人说话，要不就骂人打人。2019年3月3日，老李在阳台上扔花盆，误伤了行人王某，王某向法院提起损害赔偿诉讼。因老李患有精神疾病的特殊情况，王某向法院申请认定老李为无民事行为能力人，并请求依法指定代理人。

学法有疑

申请认定公民无民事行为能力的案件，为何要指定代理人？

法律讲堂

认定公民无民事行为能力、限制民事行为能力的案件，是指人民法院根据利害关系人的申请，对不能正确辨认自己行为或不能完全辨认自己行为的精神病人，按照法定程序，认定并宣告该公民为无民事行为能力人或限制民事行为能力人的案件。认定公民无民事行为能力的案件，是我国《民事诉讼法》规定的特别程序之一，并不是一个单独起诉的案件，而是在另一个案件中，因对当事人资格存有怀疑进而进行的认定。

民事行为能力，是指民事主体通过自己的行为行使民事权利、履行民事义务的能力。不能辨认自己行为的精神病人是无民事行为能力人，由他的法定代理人代理民事活动。不能完全辨认自己行为的精神病人是限制民事行为能力人，可以进行与他的精神健康状况相适应的民事活动，其他民事活动由法定代理人代理。代理人一般为被申请人的近亲属，没有近亲属的，则需要法院指定代理人，以顺利进行认定程序。《最高人民法院关于适用〈中华人民共和国民事诉讼法〉的解释》第三百五十二条对如何指定代理人作出了具体规定。

法律条文

《最高人民法院关于适用〈中华人民共和国民事诉讼法〉的解释》

第三百五十二条 申请认定公民无民事行为能力或者限制民事行为能力的案件，被申请人没有近亲属的，人民法院可以指定其他亲属为代理人。被申请人没有亲属的，人民法院可以指定经被申请人所在单位或者住所地的居民委员会、村民委员会同意，且愿意担任代理人的关系密切的朋友为代理人。

没有前款规定的代理人的，由被申请人所在单位或者住所地的居民委员会、村民委员会或者民政部门担任代理人。

代理人可以是一人，也可以是同一顺序中的两人。

一句话说法

认定公民无民事行为能力或限制民事行为能力的法律制度，是为了保障精神病人的合法权益，该制度有利于保护与精神病人有民事权利义务关系的利害关系人的合法权益，保障民事程序的正常运转。

70. 财产被认定无主后，财产权利人还可以依法维权吗？

案例背景

陈宜锡的小姑陈美凤与丈夫钱某育有一子，但儿子早在2004年就因车祸身亡，夫妻二人相依为命。2009年，钱某患胃癌去世，剩下陈美凤孤身一人。陈宜锡从2010年8月开始照顾72岁的姑姑陈美凤，直到她2017年患病去世。陈美凤未留下遗嘱，去世后在上海市某地留下一套54平方米的房屋。2018年1月，陈宜锡依法申请法院认定该房产为无主财产，并将房屋判归自己所有，理由是自己对姑母尽了较多的扶养义务。法院依法公告后，财产无人认领，遂认定该房屋为无主财产，并依继承法有关规定将其判给陈宜锡。2019年6月，陈美凤婚前生育的女儿李某得知了该房产的情况，向法院提出申请，要求撤销原判决。

学法有疑

何为认定财产无主案件？财产被认定无主后，权利人还可以依法维权吗？

法律讲堂

认定财产无主案件，是指对于所有人不明或者所有人不存在的财产，法院根据申请人的申请，查明属实后，作出判决，将其收归国家或集体所有的民事案件。根据《民事诉讼法》的相关规定，财产无主的申请主体可以为“有关机关、企业事业单位、基层组织或者个人”，范围比较宽泛。申请人认定财产无主需要书写申请书，标明财产的种类、数量以及认定的依据，向财产所在地的基层人民法院提出申请。法院经过初步审查核实情况后，应当发出财产认领公告，期限为一年，如果在公告期间有人对财产提出要求，人民法院应当裁定终结特别程序，告知申请人另行起诉，改用普通程序审理；

如果公告期满仍然无人认领，则判定该财产为无主财产，收归集体或者国家所有。按照法律规定，公告期满，该房屋本应当收归国家所有，但是我国《民法典》中对于继承人以外的对被继承人尽了较多扶养义务的人，给予了他们分得适当遗产的权利，故本案中法院在权衡后将财产判归陈宜锡所有。

法院通过判决的方式认定无主财产，仅仅是根据一定的事实，从法律上推定为无主财产，是否在事实上真正无主，未必符合实际。因此，在判决认定财产无主后，原财产所有人或者继承人可能出现。我国《民事诉讼法》第一百九十三条规定："判决认定财产无主后，原财产所有人或者其继承人出现，在民法通则①规定的诉讼时效期间可以对财产提出请求，人民法院审查属实后，应当作出新判决，撤销原判决。"因此，本案中陈美凤的女儿李某可以向法院提出申请，依法维护自己的权利。

法律条文

《中华人民共和国民事诉讼法》

第一百九十三条 判决认定财产无主后，原财产所有人或者继承人出现，在民法通则②规定的诉讼时效期间可以对财产提出请求，人民法院审查属实后，应当作出新判决，撤销原判决。

财产的根本价值在于流通，在不停地运转之中不断地实现其自身的价值，故针对无主财产，法律鼓励对其申请认定，以充分实现财产的价值。同时，在申请认定时也要注意杜绝滥诉，避免恶意诉讼，使他人丧失财产权利。

---

① 现为《民法典》。

② 现为《民法典》。

71. 当事人申请司法确认调解协议，在哪些情形下法院不会受理？

案例背景

齐某于2018年10月因摔伤致左手尺桡骨、肱骨骨折，在当时的工作所在地北京市的甲医院进行了伤肢钢板内固定术。2019年6月7日复查X片提示：齐某左肱骨干中段内固定骨质明显吸收、骨不连。经相关司法鉴定所鉴定，结论为：依我国《医疗机构管理条例》中医疗告知制度的规定，甲医院在对患者齐某的手术中未尽充分的注意义务，未采用更为先进、合适的手术技术，以致发生骨不连，存在一定的医疗过失，建议承担30%～35%的次要责任。齐某因此要求医院赔偿。2019年8月1日，双方共同委托某医疗纠纷调解中心依法进行了调解，约定甲医院一次性补偿齐某5.3万元，其他损失由齐某自行承担。2019年8月14日，双方依法向法院申请对该调解书进行了司法确认。

学法有疑

什么是确认调解协议案件？在该类案件中，哪些是法院不予受理的？

法律讲堂

根据我国《人民调解法》的规定，经人民调解委员会调解达成的调解协议，具有法律约束力，当事人应当按照约定履行。但是，由于调解协议本身具有自愿性和协商性，因此在人民调解委员会主持下达成的调解协议依赖于当事人自动履行，人民法院不能将调解协议作为强制执行的依据。只有经过司法确认的人民调解协议才具有强制执行效力。在司法确认程序中，法律关系主体只有申请人而无原告和被告，司法确认的内容不直接涉及民事权利义务的争议，而仅仅是对调解协议是否具有法律效力进行确认。如果人民调解协议具有给付内容，那么，人民法院对人民调解协议作出司法确认后，人民调解协议就具有强制执行力。

法院对确认调解协议案件有一定的范围限制，对一些不属于法院管辖范围或者不适合确认程序的案件，法院将不予受理。根据《最高人民法院关于适用〈中华人民共和国民事诉讼法〉的解释》第三百五十七条第一款规定，这些情况包括：（一）不属于人民法院受理范围的；（二）不属于收到申请的人民法院管辖的；（三）申请确认婚姻关系、亲子关系、收养关系等身份关系无效、有效或者解除的；（四）涉及适用其他特别程序、公示催告程序、破产程序审理的；（五）调解协议内容涉及物权、知识产权确权的。本案属于医疗损害赔偿纠纷，因此该调解协议是可以申请法院确认的。法院依法进行确认后，调解协议便具有强制执行的效力，有利于保护齐某和医院双方的权利。

法律条文

《最高人民法院关于适用〈中华人民共和国民事诉讼法〉的解释》

第三百五十七条 当事人申请司法确认调解协议，有下列情形之一的，人民法院裁定不予受理：

（一）不属于人民法院受理范围的；

（二）不属于收到申请的人民法院管辖的；

（三）申请确认婚姻关系、亲子关系、收养关系等身份关系无效、有效或者解除的；

（四）涉及适用其他特别程序、公示催告程序、破产程序审理的；

（五）调解协议内容涉及物权、知识产权确权的。

人民法院受理申请后，发现有上述不予受理情形的，应当裁定驳回当事人的申请。

一句话说法

人民调解协议的司法确认程序克服了调解协议缺乏确定性、强制性和权威性这一弱点，充分发挥了人民调解的作用；同时节约了司法资源，提高了化解矛盾的效率。

72. 申请实现担保物权时，需要提交哪些材料？

案例背景

林某夫妇是做服装生意的，十几年来生意一直不错。2017年年初，因公司扩大规模，林某夫妇的资金周转出现困难，于是向同样做生意的姜某夫妇借款500万元救急，双方约定还款期限为两年，月息为1.5%，林某夫妇将坐落于市中心的一套200平方米精装房屋作为抵押，双方到房管局办理了抵押登记手续。2019年年初，约定的还款期限届满，林某夫妇不仅没有还一分钱，还不见了踪影，姜某夫妇无奈之下将林某夫妇告上法庭，向法院提起了借款合同纠纷之诉。法院判决后，姜某夫妇发现林某夫妇生意失败，已无力偿还借款。遂向法院提出实现担保物权的申请，要求实现房屋抵押权。

学法有疑

什么是实现担保物权案件？申请实现担保物权时，需提交哪些材料？

法律讲堂

2012年《民事诉讼法》修改时将实现担保物权的案件列入特别程序，一般在立案之日起30日内或公告期满后30日内审结，一审终审，减轻了讼累。实现担保物权的特别程序适用于抵押事实清楚、权利义务关系明确、争议不大的实现担保物权案件。本案中，姜某夫妇在发现林某夫妇无力偿还借款时提出实现房屋抵押权，即为实现担保物权案件。根据《民事诉讼法》的规定，申请实现担保物权，由担保物权人及其他有权请求实现担保物权的人依照《物权法》[①] 等

---

① 现为《民法典·物权编》。

法律，向担保财产所在地或者担保物权登记地基层人民法院提出。人民法院受理申请后，经审查，符合法律规定的，裁定拍卖、变卖担保财产，当事人依据该裁定可以向人民法院申请执行；不符合法律规定的，裁定驳回申请，当事人可以向人民法院提起诉讼。《最高人民法院关于适用〈中华人民共和国民事诉讼法〉的解释》第三百六十七条对申请实现担保物权时需提交的材料作了具体规定，包括申请书、借款合同的主合同、担保合同、担保权属证明、担保财产现状说明以及证明担保物权条件成就的其他材料等。因此本案中，姜某夫妇需要提供申请书、借款合同主合同、房屋抵押合同、抵押登记证明，以及证明林某夫妇无力偿还贷款、抵押权条件成就的其他材料，以支持自身的请求。

法律条文

《中华人民共和国民事诉讼法》

第一百九十六条 申请实现担保物权，由担保物权人以及其他有权请求实现担保物权的人依照物权法等法律，向担保财产所在地或者担保物权登记地基层人民法院提出。

第一百九十七条 人民法院受理申请后，经审查，符合法律规定的，裁定拍卖、变卖担保财产，当事人依据该裁定可以向人民法院申请执行；不符合法律规定的，裁定驳回申请，当事人可以向人民法院提起诉讼。

《最高人民法院关于适用〈中华人民共和国民事诉讼法〉的解释》

第三百六十七条 申请实现担保物权，应当提交下列材料：

（一）申请书。申请书应当记明申请人、被申请人的姓名或者名称、联系方式等基本信息，具体的请求和事实、理由；

（二）证明担保物权存在的材料，包括主合同、担保合同、抵押登记证明或者他项权利证书，权利质权的权利凭证或者质权出质登记证明等；

（三）证明实现担保物权条件成就的材料；

（四）担保财产现状的说明；

（五）人民法院认为需要提交的其他材料。

一句话说法

实现担保物权特别程序初步解决了多年来担保权人如何依法实现担保物权的程序问题，为债权人便利、快捷地实现自己的债权提供了程序法上的法律依据，实现了实体法与程序法的衔接。但从具体司法操作实践来看，仍需进一步明确和完善。

第2章 刑事官司

第一节 犯罪嫌疑人和被告人的权利

73. 失手将他人打死，被起诉后可以请朋友担任自己的辩护人吗？

案例背景

张强和倪某因琐事产生纠纷，后倪某到张强家与之争论。两人在争论中打斗起来，张强拿起身边的凳子打向倪某，不料将倪某打晕，张强赶紧将倪某送往医院抢救，最终倪某经抢救无效死亡。后来，张强被公诉机关以故意伤害罪提起公诉，张强对自己的罪行供认不讳，而且愿意对倪某的家人进行赔偿。由于请律师要花一笔钱，为了省下这笔钱，张强决定请自己的朋友彭某担任自己的辩护人，可是，张强不知道法律是否允许律师以外的人为被告人进行辩护。

学法有疑

张强可以请朋友彭某为自己辩护吗？

法律讲堂

张强是可以请朋友彭某为自己进行辩护的。根据我国《刑事诉讼法》第三十三条的规定："犯罪嫌疑人、被告人除自己行使辩护权以外，还可以委托一至二人作为辩护人。下列的人可以被委托为辩护人：（一）律师；（二）人民团体或者犯罪嫌疑人、被告人所在单位推荐的人；（三）犯罪嫌疑人、被告人的监护人、亲友。正在被执行刑罚或者依法被剥夺、限制人身自由的人，不得担任辩护人。被开除公职和被吊销律师、公证员执业证书的人，不得担任辩护人，但系犯罪嫌疑人、被告人的监护人、近亲属的除外。”张强被公诉机关起诉，是被告人，依照上述规定，其可以委托亲友作为自己的辩护人，但是如果张强所委托的彭某正在被执行刑罚或依法被剥夺、限制人身自由，则不可以担任辩护人。

法律条文

《中华人民共和国刑事诉讼法》

第三十三条 犯罪嫌疑人、被告人除自己行使辩护权以外，还可以委托一至二人作为辩护人。下列的人可以被委托为辩护人：

（一）律师；

（二）人民团体或者犯罪嫌疑人、被告人所在单位推荐的人；

（三）犯罪嫌疑人、被告人的监护人、亲友。

正在被执行刑罚或者依法被剥夺、限制人身自由的人，不得担任辩护人。

被开除公职和被吊销律师、公证员执业证书的人，不得担任辩护人，但系犯罪嫌疑人、被告人的监护人、近亲属的除外。

一句话说法

辩护人并非只有律师才能担任，人民团体、被告人的监护人和亲友等在符合条件时均可以担任辩护人。

74. 因贩毒被公诉机关起诉，被告人可以委托多名辩护人吗？

案例背景

三年前，薛平认识了一些吸毒的朋友，之后自己也染上了毒瘾。薛平的父母想尽各种办法帮助薛平戒毒，但每次薛平都不能坚持下来，戒毒遂以失败告终。薛平每次都是从朋友处购买毒品，后来，朋友干脆拉薛平一起贩毒。薛平觉得这是个赚钱的好事，于是决定和朋友一起贩毒。可是薛平在进行第一笔交易时就被警方抓获，最后公诉机关将薛平诉至法院。薛平觉得自己是第一次贩卖毒品，而且也认识到了自己的错误，不想入狱，于是想多委托几名辩护人为自己辩护，充分维护自己的权益，让自己免受牢狱之灾。

学法有疑

薛平可以委托几个辩护人为自己进行辩护呢？

法律讲堂

根据我国《刑事诉讼法》第三十三条第一款的规定，犯罪嫌疑人、被告人除自己行使辩护权以外，还可以委托一至二人作为辩护人。所以，薛平最多可以委托两名辩护人。

许多人都认为辩护律师越多，自己的权益就越有保障。其实，辩护律师为多人时，每个人的辩护方式、辩护理念可能都不一样，这样在辩护过程中就容易起冲突，反而不利于维护被告人的诉讼权利。所以，为了维护法庭秩序和避免不必要的麻烦，我国法律规定，一名被告人只能委托一至二人为自己进行辩护。

法律条文

《中华人民共和国刑事诉讼法》

第三十三条 犯罪嫌疑人、被告人除自己行使辩护权以外，还可以委托一至二人作为辩护人。下列的人可以被委托为辩护人：

（一）律师；

（二）人民团体或者犯罪嫌疑人、被告人所在单位推荐的人；

（三）犯罪嫌疑人、被告人的监护人、亲友。

正在被执行刑罚或者依法被剥夺、限制人身自由的人，不得担任辩护人。

被开除公职和被吊销律师、公证员执业证书的人，不得担任辩护人，但系犯罪嫌疑人、被告人的监护人、近亲属的除外。

为了更合理地维护和保障犯罪嫌疑人和被告人的权利，我国法律规定一名被告人可以委托一名或两名辩护人进行辩护，不允许多于两名辩护人。

75. 为了减轻罪行，他人帮助犯罪嫌疑人伪造证据是否违法？

案例背景

陈某是某商业银行的员工，陈某的妻子赵某一直想开家鲜花店，但是二人没有足够的资金。于是，陈某就利用职务上的便利挪用了客户的资金，被发现后还拒不退还。陈某因此被逮捕。赵某见丈夫被逮捕，十分着急，便找到了自己的一个律师朋友何某，想请其帮丈夫辩护。何某告知赵某其丈夫陈某挪用的资金数额较大，可能会被判处二年到五年的有期徒刑。赵某想到这笔资金已经投入了鲜花店，自己根本没能力返还，于是跟律师商量着伪造证据以减少陈某挪用的资金数额。

学法有疑

律师何某可以帮助赵某一起为陈某伪造证据吗？

法律讲堂

赵某伪造证据的想法是十分荒谬的，伪造证据是我国法律明令禁止的。我国《刑事诉讼法》第四十四条规定：“辩护人或者其他任何人，不得帮助犯罪嫌疑人、被告人隐匿、毁灭、伪造证据或者串供，不得威胁、引诱证人作伪证以及进行其他干扰司法机关诉讼活动的行为。违反前款规定的，应当依法追究法律责任，辩护人涉嫌犯罪的，应当由办理辩护人所承办案件的侦查机关以外的侦查机关办理。辩护人是律师的，应当及时通知其所在的律师事务所或者所属的律师协会。”所以，赵某如果为陈某伪造证据，就会被依法追究法律责任。而辩护人如果帮助犯罪嫌疑人伪造证据也会被依法追究法律责任甚至刑事责任，其行为也会被所在的律师事务所或者律师协会知晓。总之，帮助犯罪嫌疑人伪造证据，不仅不会为其减轻罪行，反而可能会对犯罪嫌疑人不利，辩护人也会受到追究。

法律条文

《中华人民共和国刑事诉讼法》

第四十四条 辩护人或者其他任何人，不得帮助犯罪嫌疑人、被告人隐匿、毁灭、伪造证据或者串供，不得威胁、引诱证人作伪证以及进行其他干扰司法机关诉讼活动的行为。

违反前款规定的，应当依法追究法律责任，辩护人涉嫌犯罪的，应当由办理辩护人所承办案件的侦查机关以外的侦查机关办理。辩护人是律师的，应当及时通知其所在的律师事务所或者所属的律师协会。

帮助犯罪嫌疑人伪造证据是违法的，一经发现就会受到法律的制裁，辩护人或者其他人均不可以帮助犯罪嫌疑人伪造证据，这样不但会对犯罪嫌疑人不利，还可能使自己受到刑事追究。

76. 被告在委托辩护律师时告知了一些个人情况和信息，辩护律师对此有权予以保密吗？

案例背景

张某和刘某结婚以后，张某就经常对刘某实施家庭暴力，并且二人经常吵架。刘某觉得自己和张某之间的夫妻感情已经破裂，欲要求离婚，但是张某不同意离婚。后来，刘某将张某诉至法院。张某为自己委托了一位辩护律师周律师，在与周律师的交涉过程中，张某告知了周律师一些个人情况和信息。对于这些内容，张某觉得是自己的隐私，不想让别人知道，但是又担心律师将自己的有关信息告知他人。张某还担心就算律师不主动告知别人，但在开庭时，如果法官问起来，律师是不是有权保密呢？

学法有疑

律师有权对张某的个人信息保密吗？

法律讲堂

周律师对执业过程中知悉的委托人张某的有关情况和信息，是有权予以保密的。对此，我国《刑事诉讼法》第四十八条作了明确规定："辩护律师对在执业活动中知悉的委托人的有关情况和信息，有权予以保密。但是，辩护律师在执业活动中知悉委托人或者其他人，准备或者正在实施危害国家安全、公共安全以及严重危害他人人身安全的犯罪的，应当及时告知司法机关。"所以，只要张某提供的情况不涉及危害国家安全、公共安全和严重危害他人人身安全的犯罪，其律师有权保密，法官也不可以要求律师泄密。

法律条文

《中华人民共和国刑事诉讼法》

第四十八条 辩护律师对在执业活动中知悉的委托人的有关情况和信息，有权予以保密。但是，辩护律师在执业活动中知悉委托人或者其他人，准备或者正在实施危害国家安全、公共安全以及严重危害他人人身安全的犯罪的，应当及时告知司法机关。

一句话说法

辩护律师受当事人的委托为其辩护，对在接受委托过程中知晓的委托人的有关情况和信息是有权利保密的，但是涉及危害国家安全、公共安全和严重危害他人人身安全的犯罪除外。

77. 被告人有权在诉讼中自行辩护吗?

案例背景

张某与李某是同村人，两人曾因村里选举的事情发生过矛盾，互相之间看不顺眼。一天，张某骑摩托车进城买东西，在村口遇上正背着柴火往回走的李某。因道路太窄，张某从李某身边经过时将李某挤倒了。李某一看是张某将自己撞倒的便破口大骂，两人因此吵了起来，并大打出手，李某将张某打伤。经过医院检查，张某的头部有轻微的脑震荡。此案经公安机关侦查终结后，县人民检察院审查并向人民法院提起了公诉。案件审理过程中，嫌疑人李某拒绝委托律师，要求自行辩护。

学法有疑

法院会同意李某自行辩护的要求吗?

法律讲堂

刑事犯罪案件中的被告人可以自行辩护，这是法律赋予公民的平等的辩护权。但是，在司法实践中，刑事案件的审理过程较为复杂，对诉讼程序不熟悉可能会导致当事人无法正常地参与刑事诉讼。相较于对法律不熟悉的当事人，辩护律师是熟悉法律并能够熟练地运用法律的专业人士，维权过程可能会较为顺利。因此，一旦发生刑事犯罪，无论是为了维护公民的合法权益，还是为了保证案件审理的顺利进行，被告人都最好委托辩护律师。

本案中，李某将张某打伤，构成故意伤害罪，人民检察院依法提起公诉，按照法律规定来说，李某是有权自行辩护的，法院也应该同意李某的要求。但实际上，人民检察院代受害人张某行使诉讼的权利，面对强势的公诉方，完全不了解法律的李某显然处在一个不利的位置上。无论案件的实际情况怎样，单就诉讼程序而言，似乎就难以实现公平、平等。因此，为了最大限度地维护自己的合法权益，我们建议李某委托一个专业的律师代理此案。

法律条文

《中华人民共和国刑事诉讼法》

第三十三条第一款 犯罪嫌疑人、被告人除自己行使辩护权以外，还可以委托一至二人作为辩护人。下列的人可以被委托为辩护人：

（一）律师；

（二）人民团体或者犯罪嫌疑人、被告人所在单位推荐的人；

（三）犯罪嫌疑人、被告人的监护人、亲友。

法律赋予了被告人在案件审理过程中自行辩护的权利。

78. 审讯未成年人时，监护人是否应当在场？

案例背景

小明今年上初二了，正值青春期的小明是父母和老师眼中的问题少年，每天和校外的混混阿强等人混在一起。一天下午，小明又和阿强等人聚在了一个网吧，阿强对小明说："给你看一个好东西，这东西贵得很，很难弄到，吸一口能让人心情舒畅。"强烈建议小明试一试。小明并不知道阿强口中的"好东西"就是毒品，想都没想就吸了一口，这一吸让小明觉得顿时身体放松了。而这一过程被网吧的老板看在了眼里，老板觉得小明和阿强等人不一样，应该及时制止此事，于是就报了警。审讯时，警察了解到小明还未成年，因此决定等小明的父母来了之后再进行审讯。

学法有疑

那么，警察是否应该等小明的父母来了之后再进行审讯呢？

法律讲堂

根据我国《刑事诉讼法》第二百八十一条第一款的规定，在审讯未成年人时，应当通知未成年犯罪嫌疑人的法定代理人到场。考虑到未成年人的内心情感比较脆弱，对于警察审讯的反应可能会比较极端，如果此时能有家人陪伴，也许孩子的情绪会比较容易平复，悔过的心情会更加强烈，这样既有助于侦破案件，又利于教育孩子，使其悔过自新。因此，对于未成年人刑事案件，在讯问时应当通知其法定代理人到场。也就是说，警察的做法是正确的，应当等到小明的父母来了之后再进行审讯。

法律条文

《中华人民共和国刑事诉讼法》

第二百八十一条第一款 对于未成年人刑事案件，在讯问和审判的时候，应当通知未成年犯罪嫌疑人、被告人的法定代理人到场。无法通知、法定代理人不能到场或者法定代理人是共犯的，也可以通知未成年犯罪嫌疑人、被告人的其他成年亲属，所在学校、单位、居住地基层组织或者未成年人保护组织的代表到场，并将有关情况记录在案。到场的法定代理人可以代为行使未成年犯罪嫌疑人、被告人的诉讼权利。

未成年人正值成长阶段，身体和情感都比较脆弱，因此，在讯问和审判时，应当通知其监护人到场。

79. 刑讯逼供所得的口供，还能够作为合法证据使用吗？

案例背景

某市公安局刑警大队接到报案，称郊区接连几天发生多起强奸杀人案，犯罪嫌疑人犯罪手段极其变态。为了尽快抓到犯罪嫌疑人，刑警大队队长于某带领全部警力埋伏在该郊区附近长达4个小时。等到天快黑的时候，于某发现有一男子一直在附近转来转去，形迹非常可疑，经过确认后对该男子实施了抓捕行动。在审讯时，该男子并未如实交代，于某想要尽快破案，就决定采取逼问的方式，三天三夜不让犯罪嫌疑人睡觉，其间多次对犯罪嫌疑人进行暴打，最终犯罪嫌疑人无法忍受，交代了全部事实，并在口供记录册上签字确认。

学法有疑

那么，队长于某经过刑讯逼供得到的口供，是否能作为合法证据使用？

法律讲堂

本案中涉及证据的合法性问题。证据的合法性，简单地讲，就是指证据必须在内容上、形式上、收集和认定的人员与程序上具有合法性，以保证证据是具有法律效力的。这里特别要指出的是，证据必须是由司法人员和当事人依据法定程序收集和提供的。很显然，刑讯逼供不属于法定的程序。经非法程序收集的口供没有法律效力，不能用于证明案件事实。如果通过这种方式收集的证据合法，就会助长司法机关滥用权力、随意侵犯公民权利的不良风气，很容易造成冤假错案。由此可见，于某经过刑讯逼供得到的口供，并不能作为合法证据使用，并且于某此行为属于违法行为。

法律条文

《中华人民共和国刑事诉讼法》

第五十二条 审判人员、检察人员、侦查人员必须依照法定程序，收集能够证实犯罪嫌疑人、被告人有罪或者无罪、犯罪情节轻重的各种证据。严禁刑讯逼供和以威胁、引诱、欺骗以及其他非法方法收集证据，不得强迫任何人证实自己有罪。必须保证一切与案件有关或者了解案情的公民，有客观地充分地提供证据的条件，除特殊情况外，可以吸收他们协助调查。

一句话说法

审判人员、检察人员、侦查人员经非法程序收集的口供没有法律效力，不能作为定案的依据。

第二节 刑事诉讼中的强制措施

80. 被告人在申请取保候审时，应该选择符合哪些条件的人作为保证人？

案例背景

马某整日无所事事，后来认识了一群社会上的朋友，朋友告诉马某抢劫来钱快，于是马某与朋友参与了一次抢劫。事后，马某因涉嫌抢劫被公安机关立案侦查。但是，马某的罪行较轻，社会危害性不大，可能被判处拘役。同时，马某符合取保候审的条件，公安机关遂告知马某提出保证人或者交纳保证金就可以取保候审。但马某由于家庭条件不好，无力交纳保证金，所以想选择保证人保证的方式，可他听说保证人必须符合一定的条件，所以他开始犯愁了，不知道应该选择谁来作为自己的保证人。

学法有疑

马某应当选择符合哪些条件的人作为自己的保证人呢？

法律讲堂

本案中，马某的罪行可能被判处拘役，而且其罪行较轻、社会危害性不大，符合取保候审的适用条件，所以马某是可以申请取保候审的。人民法院、人民检察院和公安机关决定对犯罪嫌疑人、被告人取保候审，应当责令犯罪嫌疑人、被告人提出保证人或者交纳保证金。马某由于无力交纳保证金所以选择了保证人保证，但是保证人必须符合一定的条件。我国《刑事诉讼法》第六十九条规定："保证人必须符合下列条件：（一）与本案无牵连；（二）有能力履行保证义务；（三）享有政治权利，人身自由未受到限制；（四）有固定的住处和收入。”所以，马某在选择保证人时，只要符合上述四个条件即可。

法律条文

《中华人民共和国刑事诉讼法》

第六十九条 保证人必须符合下列条件：

（一）与本案无牵连；

（二）有能力履行保证义务；

（三）享有政治权利，人身自由未受到限制；

（四）有固定的住处和收入。

申请取保候审时，犯罪嫌疑人或者被告人可以选择保证人的保证方式，但是其保证人首先要与本案无牵连，其次要有能力履行保证义务，而且其人身自由未受到限制，享有政治权利，同时又有固定的住处和收入。

81. 犯罪嫌疑人被取保候审后应当遵守哪些规定？

案例背景

王某因涉嫌信用卡诈骗被公安机关立案侦查，在侦查阶段，王某因符合取保候审的条件而申请了取保候审，而且按照规定提出了符合条件的保证人。后来，王某的朋友发生了车祸在医院抢救，王某想去看望朋友，但是其朋友的医院在另外一个城市，王某的保证人告知他不能随意离开所在的城市，想要离开必须经过公安机关的批准。保证人还告知王某，被取保候审后，还有许多的规定需要遵守，否则会有许多不利的后果。

学法有疑

被取保候审的王某应该遵守哪些规定呢？

法律讲堂

被取保候审的犯罪嫌疑人和被告人的生活是要依法受到一定限制的，根据我国《刑事诉讼法》第七十一条第一款、第二款的规定："被取保候审的犯罪嫌疑人、被告人应当遵守以下规定：（一）未经执行机关批准不得离开所居住的市、县；（二）住址、工作单位和联系方式发生变动的，在二十四小时以内向执行机关报告；（三）在传讯的时候及时到案；（四）不得以任何形式干扰证人作证；（五）不得毁灭、伪造证据或者串供。人民法院、人民检察院和公安机关可以根据案件情况，责令被取保候审的犯罪嫌疑人、被告人遵守以下一项或者多项规定：（一）不得进入特定的场所；（二）不得与特定的人员会见或者通信；（三）不得从事特定的活动；（四）将护照等出入境证件、驾驶证件交执行机关保存。"王某已经提出了保证人，如果王某违反上述法律规定，要追究保证人的责任，对于需要予以逮捕的，相关部门可以对犯罪嫌疑人、被告人先行拘留，所以王某应该遵守上述规定。

法律条文

《中华人民共和国刑事诉讼法》

第七十一条　被取保候审的犯罪嫌疑人、被告人应当遵守以下规定：

（一）未经执行机关批准不得离开所居住的市、县；

（二）住址、工作单位和联系方式发生变动的，在二十四小时以内向执行机关报告；

（三）在传讯的时候及时到案；

（四）不得以任何形式干扰证人作证；

（五）不得毁灭、伪造证据或者串供。

人民法院、人民检察院和公安机关可以根据案件情况，责令被取保候审的犯罪嫌疑人、被告人遵守以下一项或者多项规定：

（一）不得进入特定的场所；

（二）不得与特定的人员会见或者通信；

（三）不得从事特定的活动；

（四）将护照等出入境证件、驾驶证件交执行机关保存。

被取保候审的犯罪嫌疑人、被告人违反前两款规定，已交纳保证金的，没收部分或者全部保证金，并且区别情形，责令犯罪嫌疑人、被告人具结悔过，重新交纳保证金、提出保证人，或者监视居住、予以逮捕。

对违反取保候审规定，需要予以逮捕的，可以对犯罪嫌疑人、被告人先行拘留。

一句话说法

被依法取保候审的犯罪嫌疑人或者被告人的自由和行为是会受到一定限制的，所以其应该遵守相关规定，否则会产生许多不利的后果，其保证人也会被追究责任。

82. 在哪些情况下，公安机关可以对犯罪嫌疑人或者被告人进行监视居住？

案例背景

明兰因涉嫌诈骗被公安机关立案侦查，经侦查，有证据证明明兰的犯罪事实，而且其可能被判处有期徒刑以上刑罚，符合逮捕条件。但是，明兰家中有个78岁的老母亲，生活不能自理，需要人照顾。明兰是家中的独女，父亲早年去世，明兰又已经与丈夫离婚，因此，明兰是母亲的唯一扶养人。后来，公安机关告知明兰，如果符合法定情形可以对其进行监视居住，但明兰不知道自己是不是符合监视居住的条件。

学法有疑

明兰是否符合监视居住的条件呢？

法律讲堂

明兰是符合监视居住的条件的。首先，明兰符合逮捕的条件；其次，明兰家中有个生活不能自理的老母亲，而且，明兰并无兄弟姐妹，所以系生活不能自理的人的唯一扶养人。在这种情况下，是可以对其进行监视居住的。根据我国《刑事诉讼法》第七十四条第一款的规定："人民法院、人民检察院和公安机关对符合逮捕条件，有下列情形之一的犯罪嫌疑人、被告人，可以监视居住：（一）患有严重疾病、生活不能自理的；（二）怀孕或者正在哺乳自己婴儿的妇女；（三）系生活不能自理的人的唯一扶养人；（四）因为案件的特殊情况或者办理案件的需要，采取监视居住措施更为适宜的；（五）羁押期限届满，案件尚未办结，需要采取监视居住措施的。"所以，只要符合上述条件的，都可以进行监视居住。

法律条文

《中华人民共和国刑事诉讼法》

第七十四条 人民法院、人民检察院和公安机关对符合逮捕条件，有下列情形之一的犯罪嫌疑人、被告人，可以监视居住：

（一）患有严重疾病、生活不能自理的；

（二）怀孕或者正在哺乳自己婴儿的妇女；

（三）系生活不能自理的人的唯一扶养人；

（四）因为案件的特殊情况或者办理案件的需要，采取监视居住措施更为适宜的；

（五）羁押期限届满，案件尚未办结，需要采取监视居住措施的。

对符合取保候审条件，但犯罪嫌疑人、被告人不能提出保证人，也不交纳保证金的，可以监视居住。

监视居住由公安机关执行。

一句话说法

满足逮捕条件，同时符合五种法定情形之一的犯罪嫌疑人和被告人都可以依法申请或者由人民法院、人民检察院和公安机关决定对其进行监视居住。除此之外，对符合取保候审条件，但犯罪嫌疑人、被告人不能提出保证人，也不交纳保证金的，可以监视居住。

83. 在哪些情况下，公安机关可以对现行犯或者重大嫌疑分子先行拘留？

案例背景

赵某是个无业游民，平时靠打些零工维持生活。某日，赵某又无所事事地在大街上游荡，正好看到一名中年妇女从银行里走出来。该妇女穿着时尚，拎着名贵的手包，并且将数十万元现金放在了手包里。赵某看到包里有大量现金，遂临时起意要跟踪该妇女，伺机将包偷走。于是，赵某跟随着该妇女来到了一个食品店。该妇女将包放在柜台上，转身去挑选食品，就在这时，赵某将包偷走逃离。妇女发现后赶紧追赵某，当时正好赶上民警在巡逻，于是民警当场将赵某抓获。民警决定将赵某拘留，但赵某觉得自己并未盗窃成功，民警不能将其拘留。

学法有疑

民警可以将赵某先行拘留吗？

法律讲堂

民警是可以将赵某先行拘留的。赵某知道妇女的包里有大量现金，欲将其偷走，虽未成功，但是其已经实行了犯罪，并且在实行犯罪的时候被抓获，符合先行拘留的条件。根据我国《刑事诉讼法》第八十二条的规定：“公安机关对于现行犯或者重大嫌疑分子，如果有下列情形之一的，可以先行拘留：（一）正在预备犯罪、实行犯罪或者在犯罪后即时被发觉的；（二）被害人或者在场亲眼看见的人指认他犯罪的；（三）在身边或者住处发现有犯罪证据的；（四）犯罪后企图自杀、逃跑或者在逃的；（五）有毁灭、伪造证据或者串供可能的；（六）不讲真实姓名、住址，身份不明的；（七）有流窜作案、多次作案、结伙作案重大嫌疑的。”本案中，赵某显然符合上述第一种情形，所以民警是可以将其先行拘留的。

法律条文

《中华人民共和国刑事诉讼法》

第八十二条 公安机关对于现行犯或者重大嫌疑分子，如果有下列情形之一的，可以先行拘留：

（一）正在预备犯罪、实行犯罪或者在犯罪后即时被发觉的；

（二）被害人或者在场亲眼看见的人指认他犯罪的；

（三）在身边或者住处发现有犯罪证据的；

（四）犯罪后企图自杀、逃跑或者在逃的；

（五）有毁灭、伪造证据或者串供可能的；

（六）不讲真实姓名、住址，身份不明的；

（七）有流窜作案、多次作案、结伙作案重大嫌疑的。

公安司法机关在遇到法定的紧急情况时，可以对现行犯或者重大嫌疑分子先行拘留，通过临时剥夺其人身自由来避免对社会产生更大的危害。

84. 依法被公安机关拘留的人，应当在多久内被讯问？

案例背景

一天晚上，刚下夜班的林某独自一人骑自行车回家。当时天色已晚，回家的路上空无一人，而且有一段路没有路灯，林某只能摸黑前行。就在林某快到家时，遇到了一名男子，当时该男子正坐在路边抽烟，看林某年轻漂亮，遂心生歹意。该男子将林某拦下，见周围没人，对其进行了强奸，林某虽大声呼救和挣扎，但是未成功，最终该男子得逞后逃跑。林某马上报了警，后来，警方经过侦查，有充足的证据证明对林某实施强奸的嫌疑人为吴某，于是将吴某拘留。吴某被拘留后，觉得公安机关已经掌握了证据，自己也不想再辩解，只想尽早交代自己的罪行争取能够从轻处理。但是，吴某被拘留了将近12个小时仍没有人对他进行讯问。

学法有疑

公安机关应该在多长的时间内对吴某进行讯问？

法律讲堂

吴某因涉嫌强奸被公安机关立案侦查，之后公安机关掌握了充足的证据可以证明吴某为重大嫌疑分子，所以公安机关对吴某进行拘留是合法的。公安机关拘留吴某后，应该在规定时间内对其进行讯问。根据我国《刑事诉讼法》第八十六条的规定："公安机关对被拘留的人，应当在拘留后的二十四小时以内进行讯问。在发现不应当拘留的时候，必须立即释放，发给释放证明。"所以，公安机关应该在24小时内对吴某进行讯问，在讯问中一旦发现不应当拘留，必须马上释放。

法律条文

《中华人民共和国刑事诉讼法》

第八十六条 公安机关对被拘留的人，应当在拘留后的二十四小时以内进行讯问。在发现不应当拘留的时候，必须立即释放，发给释放证明。

为了充分保障犯罪嫌疑人的权利，公安机关在对其拘留后应该及时讯问，最多不得超过24小时，一旦发现不应当拘留的情况，应该立即释放。

85. 公安机关可以不出示逮捕证就直接对犯罪嫌疑人进行逮捕吗?

案例背景

王力原本是一名工人，但是去年其所在的工厂经营不当，宣告破产，王力也因此失业。之后，由于学历较低，也没有什么技能，王力找过很多工作都未成功。于是，王力想到大城市去闯一闯，就联系上了自己的老乡田林，想要去投奔他。田林表面上是一个体小老板，实际上在背地里经营毒品的买卖。在一次交易中，田林看王力比较老实，就让他去同毒品交易的另一方接头。知道是毒品后，王力一开始比较抗拒，但最终经不住利益的诱惑还是同意了。几天后，田林贩卖毒品的事暴露，携款潜逃，当王力知道时，田林已经跑得无影无踪了。于是，王力也想跑回乡下老家躲一躲，可当时公安机关已经调查到王力参与了毒品交易，对其执行了逮捕，只是公安机关在逮捕时并未向王力出示逮捕证。

学法有疑

公安机关可以不出示逮捕证就将王力逮捕吗？

法律讲堂

公安机关不出示逮捕证是不可以将王力逮捕的。在我国，公安机关在接到批准逮捕决定书或逮捕决定书后，需由县级以上公安机关负责人签发逮捕证之后才能执行逮捕。对此，我国《刑事诉讼法》第九十三条规定："公安机关逮捕人的时候，必须出示逮捕证。逮捕后，应当立即将被逮捕人送看守所羁押。除无法通知的以外，应当在逮捕后二十四小时以内，通知被逮捕人的家属。"法律作此规定是为了保护公民的合法权利，防止可能出现的错误羁押，公安机关应该严格按照法定程序执行逮捕。

法律条文

《中华人民共和国刑事诉讼法》

第九十三条 公安机关逮捕人的时候，必须出示逮捕证。

逮捕后，应当立即将被逮捕人送看守所羁押。除无法通知的以外，应当在逮捕后二十四小时以内，通知被逮捕人的家属。

一句话说法

公安机关在执行逮捕时，必须向被逮捕人出示逮捕证，宣布对其依法逮捕，还要责令其在逮捕证上签名或盖章。

86. 谁有权下逮捕令？

案例背景

沈某与女友何某是同村人，两人一见钟情，但这段美好的感情遭到了上一辈的反对。沈某为了和何某永远在一起，就与何某商量带着其私奔，离开村里。何某听了沈某的话后，同意和沈某一起离开。事后，何某的父亲知道是沈某将自己的闺女带走后，一气之下到公安机关报了案，要求追究沈某的刑事责任。侦查人员吴某对此事感到非常气愤，并对沈某的父亲表示，一定会将沈某逮捕。因此，吴某立即填发了一张逮捕证，对沈某执行了逮捕。

学法有疑

那么，吴某有权下逮捕令吗？

法律讲堂

逮捕，是指公安机关、人民检察院和人民法院为防止犯罪嫌疑人或者被告人逃避侦查、起诉和审判，进行妨碍刑事诉讼的行为，或者造成社会危害，而依法剥夺其人身自由，将其羁押起来的一种强制措施。逮捕是刑事诉讼的强制措施中最严厉的一种，逮捕以后，除非发现不应当追究刑事责任和符合变更强制措施的条件外，对被逮捕人的羁押期限一般要到人民法院判决生效为止。根据《刑事诉讼法》第八十条规定，逮捕犯罪嫌疑人、被告人，必须经过人民检察院批准或者人民法院决定，由公安机关执行。因此，公安机关是无权下逮捕令的。有权批准逮捕的是人民检察院和人民法院，公安机关是逮捕的执行机关。本案中，吴某身为公安机关的侦查人员，没有做出逮捕决定的权力，也就是说吴某的做法是违法的。

法律条文

《中华人民共和国刑事诉讼法》

第八十条 逮捕犯罪嫌疑人、被告人，必须经过人民检察院批准或者人民法院决定，由公安机关执行。

第八十九条 人民检察院审查批准逮捕犯罪嫌疑人由检察长决定。重大案件应当提交检察委员会讨论决定。

第九十条 人民检察院对于公安机关提请批准逮捕的案件进行审查后，应当根据情况分别作出批准逮捕或者不批准逮捕的决定。对于批准逮捕的决定，公安机关应当立即执行，并且将执行情况及时通知人民检察院。对于不批准逮捕的，人民检察院应当说明理由，需要补充侦查的，应当同时通知公安机关。

一句话说法

有权批准逮捕的是人民检察院和人民法院，而逮捕的执行机关是公安机关。

87. 孕妇已被判处无期徒刑，还能否申请监外执行？

案例背景

杨某与妻子刘某是大学同学，毕业后两人自然地走到了一起并很快结婚。婚后的生活并没有刘某想象得那么幸福，杨某经常酗酒，喝醉后就对刘某一通毒打，刘某对杨某痛恨到了极致。于是，刘某决定将杨某杀死。一天晚上，杨某下班回家，刘某将放了毒药的茶水递给杨某，杨某二话没说将茶喝下，当场身亡。后来，刘某被公安机关逮捕，法院以故意杀人罪判处刘某无期徒刑，但在宣判时，法院发现刘某已经怀孕，于是决定对刘某实行暂予监外执行。

学法有疑

请问，法院可以对刘某实行暂予监外执行吗？

法律讲堂

按照规定，法院可以对刘某实行暂予监外执行。暂予监外执行，是指当被判处有期徒刑、拘役的罪犯因出现某种法定特殊情形不宜在监内执行时，暂时将其放在监外交由公安机关执行的一种变通执行刑期的方法。通常，被判处有期徒刑或者拘役的劳教人员都要在监狱服刑，但是，一些劳教人员有不适合在监狱服刑的特殊情况，如果继续要求其在监狱服刑，显然不太合理。为了体现人道主义精神，法律规定，凡有特殊情况的劳教人员，可以允许其在监狱外较为宽松的环境服刑。这里所说的特殊情况，是指有严重疾病需要保外就医的；怀孕或正在哺乳自己婴儿的妇女；生活不能自理，适用暂予监外执行不致危害社会的。为了保护怀孕的妇女，我国《刑事诉讼法》第二百六十五条特别规定，被判处无期徒刑的罪犯，如果怀孕或者正在哺乳自己的婴儿，也可以暂予监外执行。

法律条文

《中华人民共和国刑事诉讼法》

第二百六十五条第一款 对被判处有期徒刑或者拘役的罪犯，有下列情形之一的，可以暂予监外执行：

（一）有严重疾病需要保外就医的；

（二）怀孕或者正在哺乳自己婴儿的妇女；

（三）生活不能自理，适用暂予监外执行不致危害社会的。

第二款 对被判处无期徒刑的罪犯，有前款第二项规定情形的，可以暂予监外执行。

为了体现人道主义精神，法律规定，孕妇被判无期徒刑后，可以申请监外执行。

第三节 立案、侦查和起诉

88. 刑事案件必须由公安机关进行侦查吗?

案例背景

刘某和于某于2014年结婚，婚后育有一女，一家人的生活其乐融融。2019年6月，刘某去外地出差，剩妻子于某和女儿在家。不幸的是，犯罪分子对刘某家实施了入室抢劫，并且将于某打成重伤，于某当场昏迷。好在犯罪分子没有伤害刘某的女儿，但是于某经医院抢救后仍没有苏醒，成了植物人。案发时，邻居听到动静后赶紧去刘某家询问发生了何事，看到眼前的一幕马上报了警。刘某得知后迅速回家，看到躺在病床上的妻子，他恨透了犯罪分子，发誓要亲自将犯罪分子找出来，还表示要和警察一起侦查。但是警察告知刘某，其作为普通公民是不可以参与案件侦查的。

学法有疑

刘某有权侦查案件吗?

法律讲堂

刘某作为普通公民，对于刑事案件是没有侦查权力的。我国《刑事诉讼法》第三条第一款规定:“对刑事案件的侦查、拘留、执行逮捕、预审，由公安机关负责。检察、批准逮捕、检察机关直接受理的案件的侦查、提起公诉，由人民检察院负责。审判由人民法院负责。除法律特别规定的以外，其他任何机关、团体和个人都无权行使这些权力。”由此可见，在我国，对于一般刑事案件的侦查是由公安机关负责的，所以即使刘某对犯罪分子恨之入骨，也只能等待公安机关的侦查结果，不可以自行侦查或是参与侦查。

法律条文

《中华人民共和国刑事诉讼法》

第三条 对刑事案件的侦查、拘留、执行逮捕、预审，由公安机关负责。检察、批准逮捕、检察机关直接受理的案件的侦查、提起公诉，由人民检察院负责。审判由人民法院负责。除法律特别规定的以外，其他任何机关、团体和个人都无权行使这些权力。

人民法院、人民检察院和公安机关进行刑事诉讼，必须严格遵守本法和其他法律的有关规定。

一句话说法

我国刑事案件的侦查、审查起诉和审判都由法定的部门负责，对于刑事案件的侦查则应该由公安机关依法进行，公民无权进行侦查。

89. 公民有义务保护犯罪现场吗?

案例背景

朱某是一个无业游民，整日无所事事，在家附近的早市上惹是生非，跟自己的一群兄弟一起向一些摊贩收保护费。一日，只身一人的朱某又在早市上晃荡，遇到一家新开业的小水果摊，朱某便前去拿了一些水果，拿完就走。老板小刘看不下去了，让朱某给钱，谁知朱某回头就朝小刘的脑袋砸了一个苹果，还好没有打中。朱某说道："这是你该交的保护费。"说完转身就走。老板小刘忍不下去了，便上前找其理论。朱某被小刘惹急了，两人便动起了手，一片慌乱当中，朱某将小刘推倒，正好撞到了一把水果刀，小刘当场死亡，现场一片混乱。朱某和小刘在打斗过程中推倒了王大妈的蔬菜摊位，而且小刘死亡后也倒在了王大妈的摊位旁边，王大妈生怕影响自己的生意，所以赶紧收拾自己的摊位。但是旁边有人告诉王大妈，这是犯罪现场，得保护好，王大妈却称犯罪现场与自己没啥关系，自己没义务保护。

学法有疑

王大妈有义务保护犯罪现场吗?

法律讲堂

王大妈是有义务保护犯罪现场的，其认为犯罪现场与自己没关系的想法是不正确的。根据我国《刑事诉讼法》第一百二十九条的规定："任何单位和个人，都有义务保护犯罪现场，并且立即通知公安机关派员勘验。"犯罪现场往往是查明案件事实和寻找线索的关键，所以保护好犯罪现场十分有利于公安机关侦破案件。王大妈作为我国公民，应该积极同犯罪行为做斗争，当自己有能力保护犯罪现场时，应该积极保护，协助公安机关勘验。

法律条文

《中华人民共和国刑事诉讼法》

第一百二十九条 任何单位和个人，都有义务保护犯罪现场，并且立即通知公安机关派员勘验。

犯罪现场是侦查案件、打击犯罪的重要依据，任何人都应该进行保护，并且有及时报警和通知公安机关勘验的义务。

90. 对于可以证明犯罪嫌疑人有罪的证据，公民有义务交出吗？

案例背景

王小姐年轻貌美，身边不乏追求者，但其已有男友，且两人关系稳定。追求王小姐的人中，有一位叫李飞，是富二代，不仅天天给王小姐送花，还四处宣扬王小姐是自己的女朋友，虽然王小姐每次都明确地拒绝，但还是给她和男朋友造成了很大的困扰。于是，一天中午，王小姐的男朋友将李飞邀请出来，打算和他当面谈谈。当天见面后，两人一言不合便大打出手，李飞用刀将王小姐的男朋友捅伤。看到王小姐的男朋友瘫倒在地，李飞便匆匆离去。就在这时，附近的秦先生将这件事情的整个经过录在了自己的手机里。秦先生本来想拍一下附近的景色，却录下了一起故意伤害他人的案件。秦先生开始纠结了，他手上有可以证明犯罪嫌疑人有罪的证据，那他有义务交出吗？

学法有疑

秦先生有交出可以证明犯罪嫌疑人李飞有罪的证据的义务吗？

法律讲堂

秦先生是有义务交出证明李飞有罪的证据的。根据我国《刑事诉讼法》第一百三十七条的规定："任何单位和个人，有义务按照人民检察院和公安机关的要求，交出可以证明犯罪嫌疑人有罪或者无罪的物证、书证、视听资料等证据。"本案中，在犯罪嫌疑人李飞和王小姐的男朋友打斗过程中，秦先生正在用手机拍风景，却意外拍下了打斗的整个经过，并且把犯罪嫌疑人用刀捅伤受害人的过程记录了下来。所以，秦先生手机中有可以证明李飞故意伤害他人的视听资料，应该依法交出。

法律条文

《中华人民共和国刑事诉讼法》

第一百三十七条 任何单位和个人，有义务按照人民检察院和公安机关的要求，交出可以证明犯罪嫌疑人有罪或者无罪的物证、书证、视听资料等证据。

一句话说法

为了协助公安机关、检察机关顺利侦破案件，公民有义务交出证明犯罪嫌疑人有罪或者无罪的证据。

91. 不同级别的法院，分别管辖哪些刑事案件？

案例背景

侯某初中未毕业就辍学回家，辍学后不久就跟着村子里的其他年轻人来到九阳县县城打工。侯某是个非常懒惰的人，总想着不劳而获，先后换了多个工作，每次都是因为贪图小便宜而被解雇。后来，侯某认识了阿虎等人，于是整日跟这些人混在一起，不务正业。后来，几个人商量着找个时机盗窃商场弄点钱，并在12月2日晚上实施了盗窃，盗窃的赃物价值3万元。之后，公安机关对该起案件立案侦查，并最终将侯某等人抓获。侯某被抓获以后，他的表哥韩某来看望他，并询问他这个案子由哪个法院管辖，侯某称自己也不知道谁管。

学法有疑

侯某的案件应该由哪个法院管辖呢？

法律讲堂

侯某的案件应该由其所在县城九阳县人民法院管辖。根据我国《刑事诉讼法》第二十条的规定："基层人民法院管辖第一审普通刑事案件，但是依照本法由上级人民法院管辖的除外。"本案中的基层人民法院即九阳县人民法院，而且，侯某的案件属于第一审普通刑事案件。根据《刑事诉讼法》第二十一条的规定："中级人民法院管辖下列第一审刑事案件：(一）危害国家安全、恐怖活动案件；(二）可能判处无期徒刑、死刑的案件。"由于侯某只是涉嫌盗窃，并未危害国家安全，也非恐怖活动，其盗窃赃物的价值也不至于使侯某被判处无期徒刑或死刑，所以，侯某的案件应该由九阳县人民法院管辖。

法律条文

《中华人民共和国刑事诉讼法》

第二十条 基层人民法院管辖第一审普通刑事案件，但是依照本法由上级人民法院管辖的除外。

第二十一条 中级人民法院管辖下列第一审刑事案件：

（一）危害国家安全、恐怖活动案件；

（二）可能判处无期徒刑、死刑的案件。

第二十二条 高级人民法院管辖的第一审刑事案件，是全省（自治区、直辖市）性的重大刑事案件。

第二十三条 最高人民法院管辖的第一审刑事案件，是全国性的重大刑事案件。

第二十四条 上级人民法院在必要的时候，可以审判下级人民法院管辖的第一审刑事案件；下级人民法院认为案情重大、复杂需要由上级人民法院审判的第一审刑事案件，可以请求移送上一级人民法院审判。

各级人民法院在审判第一审刑事案件时都有明确的分工，主要依据案件的性质和影响、罪行的轻重和可能判处刑罚的轻重等因素划分。

92. 证人作证导致其本人面临危险，司法机关应该采取哪些措施？

案例背景

2018年，公安机关破获了一起黑社会性质的组织犯罪，这是一起团伙犯罪，多名犯罪嫌疑人被捕，但是还有两名在逃人员未被捉拿归案。之后，检察机关对这起案件提起了公诉。于某曾经是该起案件的目击者，目睹了犯罪经过，而且表示愿意出庭作证。在开庭审理该案时，于某来到了法院，但是，于某觉得该起案件还有两名犯罪嫌疑人在逃，如果自己出庭作证很可能会面临危险。于是，于某请求司法机关采取措施保障自己的安全。

学法有疑

司法机关应该采取哪些措施保障于某的安全？

法律讲堂

在刑事诉讼中，对于特定的案件，证人愿意帮助法院查明案件事实而出庭作证，导致其人身安全受到威胁时，司法机关应该给予必要的保护。《刑事诉讼法》第六十四条第一款规定："对于危害国家安全犯罪、恐怖活动犯罪、黑社会性质的组织犯罪、毒品犯罪等案件，证人、鉴定人、被害人因在诉讼中作证，本人或者其近亲属的人身安全面临危险的，人民法院、人民检察院和公安机关应当采取以下一项或者多项保护措施：（一）不公开真实姓名、住址和工作单位等个人信息；（二）采取不暴露外貌、真实声音等出庭作证措施；（三）禁止特定的人员接触证人、鉴定人、被害人及其近亲属；（四）对人身和住宅采取专门性保护措施；（五）其他必要的保护措施。"本案中，于某作为黑社会性质组织犯罪的证人出庭作证，而该起案件的两名嫌疑人正在逃，于某很可能遭受打击报复，其人身安全面临危险，此时，公安机关应该按照上述法律规定对其采取保护措施。

法律条文

《中华人民共和国刑事诉讼法》

第六十四条 对于危害国家安全犯罪、恐怖活动犯罪、黑社会性质的组织犯罪、毒品犯罪等案件，证人、鉴定人、被害人因在诉讼中作证，本人或者其近亲属的人身安全面临危险的，人民法院、人民检察院和公安机关应当采取以下一项或者多项保护措施：

（一）不公开真实姓名、住址和工作单位等个人信息；

（二）采取不暴露外貌、真实声音等出庭作证措施；

（三）禁止特定的人员接触证人、鉴定人、被害人及其近亲属；

（四）对人身和住宅采取专门性保护措施；

（五）其他必要的保护措施。

证人、鉴定人、被害人认为因在诉讼中作证，本人或者其近亲属的人身安全面临危险的，可以向人民法院、人民检察院、公安机关请求予以保护。

人民法院、人民检察院、公安机关依法采取保护措施，有关单位和个人应当配合。

证人虽有出庭作证的义务，但是不能以其人身安全作为代价，司法机关应该采取法定措施保障证人及其近亲属的安全，维护证人的权益。

93. 自诉案件是指哪些案件?

案例背景

马某和张某是邻居，平日里两家人都忙于工作，所以很少来往。某日，马某因为张某在自己门前放置垃圾而不满，于是找到张某理论。张某解释称自己急着上班忘记将垃圾拎走，还抱怨马某不够大度，后来两人发生了口角。之后马某就在小区里到处贬损张某的人格，破坏张某的声誉。张某得知后十分生气，觉得马某的行为已经严重侵犯了自己的人格尊严和名誉权，于是想向法院起诉马某犯有侮辱罪。但是，张某不知道这个案子应该由自己起诉还是由检察机关起诉。

学法有疑

对于该案，张某可以自己向法院提起诉讼吗?

法律讲堂

张某是可以自行起诉的。一般情况下，刑事诉讼都是由人民检察院提起公诉的，但是有些案件法律规定由被害人提起自诉。根据我国《刑事诉讼法》第二百一十条的规定："自诉案件包括下列案件：（一）告诉才处理的案件；（二）被害人有证据证明的轻微刑事案件；（三）被害人有证据证明对被告人侵犯自己人身、财产权利的行为应当依法追究刑事责任，而公安机关或者人民检察院不予追究被告人刑事责任的案件。"而告诉才处理的案件包括侮辱罪、诽谤罪、暴力干涉婚姻自由罪、虐待罪和侵占罪。所以，张某想以侮辱罪将马某起诉到法院，属于自诉案件的范畴。

法律条文

《中华人民共和国刑事诉讼法》

第二百一十条 自诉案件包括下列案件：

（一）告诉才处理的案件；

（二）被害人有证据证明的轻微刑事案件；

（三）被害人有证据证明对被告人侵犯自己人身、财产权利的行为应当依法追究刑事责任，而公安机关或者人民检察院不予追究被告人刑事责任的案件。

一句话说法

在我国，法律规定有些案件由被害人提起自诉，如果当事人不向法院提出告诉，法院不会主动受理。自诉案件由人民法院直接受理，检察院不能提起公诉。

94. 犯罪嫌疑人可以拒绝回答与案件无关的问题吗?

案例背景

王某因涉嫌合同诈骗罪被公安机关拘留，被拘留以后，公安机关对王某进行了讯问。在讯问过程中，讯问人在讯问了几个关于案件的问题后，开始讯问王某的家庭情况，包括“你与妻子是如何认识的”“你们家的孩子由谁照顾”等个人问题。王某与妻子感情不和，一直分居，孩子也一直由妻子照顾，遂不愿与别人提及此事，而且他觉得这些问题与案件没有任何关系，所以不想回答。讯问人告知王某其必须如实回答所有的问题，但王某却仍然拒绝回答这些与案件无关的问题。

学法有疑

王某有权拒绝回答与案件无关的问题吗？

法律讲堂

王某是可以拒绝回答与案件无关的问题的。我国《刑事诉讼法》第一百二十条第一款规定：“侦查人员在讯问犯罪嫌疑人的时候，应当首先讯问犯罪嫌疑人是否有犯罪行为，让他陈述有罪的情节或者无罪的辩解，然后向他提出问题。犯罪嫌疑人对侦查人员的提问，应当如实回答。但是对与本案无关的问题，有拒绝回答的权利。”本案中，讯问人所问的王某与妻子如何认识的及孩子由谁照顾等问题显然与案件无关，所以如果王某不想回答这些问题，则有权拒绝回答。

法律条文

《中华人民共和国刑事诉讼法》

第一百二十条　侦查人员在讯问犯罪嫌疑人的时候，应当首先讯问犯罪嫌疑人是否有犯罪行为，让他陈述有罪的情节或者无罪的辩解，然后向他提出问题。犯罪嫌疑人对侦查人员的提问，应当如实回答。但是对与本案无关的问题，有拒绝回答的权利。

侦查人员在讯问犯罪嫌疑人的时候，应当告知犯罪嫌疑人享有的诉讼权利，如实供述自己罪行可以从宽处理和认罪认罚的法律规定。

侦查人员讯问犯罪嫌疑人是为了查清案件事实，所以对于与案件无关的问题，犯罪嫌疑人有权拒绝回答。

95. 在刑事诉讼中，可以提起附带民事诉讼吗？

案例背景

吴某今年23岁，自幼家中比较贫困，所以没上完初中就辍学了。辍学在家的吴某不学无术，没有一份正式的工作，整天就知道向家里要钱，但其父母均是以务农为生的，收入也不多，根本无法满足吴某的开销。于是，吴某开始想一些其他来钱的方法。某天，吴某见邻居蔡某外出，家中只有一位80岁的老母亲在午睡，于是，吴某从窗户爬到蔡某家的卧室，打算偷一些财物。可谁知，蔡某母亲提前醒来，正好撞到盗窃的吴某，遂大声喊“抓贼”。吴某见状，赶紧将蔡某母亲的嘴堵住，并用一条毛巾紧紧勒住蔡母的脖子，不料，蔡某的母亲被勒死，吴某赶紧逃跑。之后，吴某因盗窃罪和故意杀人罪被检察机关依法提起公诉。在诉讼中，蔡某提起了民事诉讼，称自己的母亲被吴某杀害，吴某应该给予丧葬费、死亡赔偿金等民事赔偿。

学法有疑

蔡某可以提起民事诉讼吗？

法律讲堂

蔡某是可以依法提起民事诉讼的。根据我国《刑事诉讼法》第一百零一条的规定：“被害人由于被告人的犯罪行为而遭受物质损失的，在刑事诉讼过程中，有权提起附带民事诉讼。被害人死亡或者丧失行为能力的，被害人的法定代理人、近亲属有权提起附带民事诉讼。如果是国家财产、集体财产遭受损失的，人民检察院在提起公诉的时候，可以提起附带民事诉讼。”本案中，吴某对蔡某家进行入室盗窃，并且杀害了蔡某的母亲，蔡某在遭受物质损失的同时，其母亲也不幸死亡。蔡某作为被害人的儿子，是被害人的近亲属，所以依照上述法律规定，他可以提起民事诉讼，要求吴某给予赔偿。

法律条文

《中华人民共和国刑事诉讼法》

第一百零一条 被害人由于被告人的犯罪行为而遭受物质损失的，在刑事诉讼过程中，有权提起附带民事诉讼。被害人死亡或者丧失行为能力的，被害人的法定代理人、近亲属有权提起附带民事诉讼。

如果是国家财产、集体财产遭受损失的，人民检察院在提起公诉的时候，可以提起附带民事诉讼。

在刑事诉讼中，当事人可以依法提起附带民事诉讼，但是在未发生受害人死亡或丧失行为能力的情况下，刑事附带民事诉讼所解决的赔偿范围以被害人所受到的物质损害为限。

96. 已经死亡的犯罪嫌疑人，是否还需追究其刑事责任？

案例背景

某晚，王某和朋友在外喝酒，因高兴就多喝了点。在开车回家途经一个十字路口时，王某由于喝酒太多，没看清是红灯就闯了过去，撞飞了骑电动车过马路的李某。王某下车一看，李某已经断了气，吓得开起车就逃跑了。后公安机关立案侦查，迅速抓捕了王某，并在七天后将案件移送至检察院。但在刑拘过程中，犯罪嫌疑人王某突发脑出血死亡。

学法有疑

检察院是否还需追究王某的刑事责任？

法律讲堂

本案中，王某突发脑出血死亡，属于法定不起诉的情形。不起诉，是指人民检察院对公安机关侦查终结、移送起诉的案件和自行侦查终结的案件进行审查后，认为犯罪嫌疑人的行为不符合起诉条件或者没有必要起诉的，依法作出不将犯罪嫌疑人提交人民法院进行审判、追究刑事责任的一种处理决定。不起诉包括法定不起诉、酌定不起诉及证据不足不起诉三种。根据我国《刑事诉讼法》第十六条的规定可知，犯罪嫌疑人、被告人死亡的就属于法定不起诉的情形。由此可见，检察院不会再起诉王某，不再追究其刑事责任。

法律条文

《中华人民共和国刑事诉讼法》

第十六条 有下列情形之一的，不追究刑事责任，已经追究的，应当撤销案件，或者不起诉，或者终止审理，或者宣告无罪：

（一）情节显著轻微、危害不大，不认为是犯罪的；

（二）犯罪已过追诉时效期限的；
（三）经特赦令免除刑罚的；
（四）依照刑法告诉才处理的犯罪，没有告诉或者撤回告诉的；
（五）犯罪嫌疑人、被告人死亡的；
（六）其他法律规定免予追究刑事责任的。

一句话说法

我国法律规定，如果犯罪嫌疑人已经死亡，属于法定不起诉的范畴，将不再追究其刑事责任。

97. 公安机关有权认定犯罪嫌疑人有罪吗？

案例背景

2019年6月20日，路人张某正在河边散步，老觉得河水不对劲，走过去一看，漂上来一具男尸，张某立即报了警。经过公安机关的调查，该男子名叫李明，是某村村民。据同村人说，李明人品非常不好，整天无所事事，干一些偷鸡摸狗的事情，前段时间与同村的钱某吵了起来，甚至还动了手，钱某应该有杀人动机。因此，某县公安局于2019年7月3日晚，连夜突击审讯了犯罪嫌疑人钱某。公安机关对钱某进行突击审讯时声称："你犯了杀人罪是肯定的，不必再撑了，还是招了的好。"

学法有疑

公安机关有权认定犯罪嫌疑人的罪行吗？

法律讲堂

能够认定犯罪嫌疑人有罪的唯一机构是人民法院，除人民法院外，任何国家机关和个人都没有权力认定一个人的罪行。因此，公安机关无权认定犯罪嫌疑人的罪行。我国法律规定，凡是疑似触犯刑法，但还没有被人民法院依法定罪判刑的人，称为犯罪嫌疑人。既然是嫌疑人，就要有足够的证据才能证明其有罪，否则就不能认定其犯罪。这也是我国刑事诉讼法中的一项基本原则，即无罪推定原则。无罪推定原则，简单地说是指任何人在未经证实和判决有罪之前，都应被视为无罪，如果审判中不能证明有罪，应视为无罪。

结合本案说明，警方并没有钱某杀人的证据，全部都是根据当地村民的口述进行推测的，并没有得到证实。而且公安机关只是侦查机关，只负责侦查和搜集证据，并没有权力认定钱某有罪，只有人民法院才可以认定钱某是否有罪。

法律条文

《中华人民共和国刑事诉讼法》

第十二条 未经人民法院依法判决，对任何人都不得确定有罪。

一句话说法

公安机关作为我国的侦查机关，只负责侦查和搜集证据，无权认定犯罪嫌疑人是否有罪。

第四节　案件的审理与执行

98. 刑事案件是否适用简易程序？

案例背景

豆豆今年一周岁了，出生时被检查出患有地中海型贫血，豆豆的父母为了给孩子治病四处借钱。豆豆的父亲沈某甚至通过朋友介绍向高某借了高利贷，双方约定沈某于2019年9月30日连本带息还清借款。因豆豆的病情越来越重，需要的钱越来越多，沈某及妻子根本没有还钱的能力。高利贷到期后，高某带着一帮人去沈某家要钱，沈某称自己实在是没有钱，高某一听，心想：既然不还钱只能撕破脸了。高某一行人不仅砸坏了沈某家的东西，还将百般阻拦的沈某打成了轻伤。沈某的妻子赶紧报了警，警方介入后，高某等人向公安机关自首。人民检察院在提起公诉时，建议法院适用简易程序。

学法有疑

刑事案件能适用简易程序吗？

法律讲堂

适用简易程序的案件一般都是案情比较清晰，双方对争议出入不大的案件，刑事案件可以适用简易程序。简易程序，是指基层人民法院审理某些简单轻微的刑事案件时所适用的相对简单的审判程序。适用简易程序有很多好处。例如，可以提高人民法院的办案效率，有助于减轻人民法院面临的日益繁重的审判任务。此外，简便的审判方式也可以使当事人早日摆脱诉讼之苦。不过，不是所有的案件都可以适用简易程序的，适用简易程序的案件必须确实能够简化程序，提高诉讼效率，同时还要保证审理过程的公平公正。本案例中，高某等人故意伤害一案，案情清晰，争议不大，又归基层人民法院审理，因此可以适用简易程序。

法律条文

《中华人民共和国刑事诉讼法》

第二百一十四条 基层人民法院管辖的案件，符合下列条件的，可以适用简易程序审判：

（一）案件事实清楚、证据充分的；

（二）被告人承认自己所犯罪行，对指控的犯罪事实没有异议的；

（三）被告人对适用简易程序没有异议的。

人民检察院在提起公诉的时候，可以建议人民法院适用简易程序。

法律规定，刑事案件是可以适用简易程序的，但是案件必须确实能够简化程序，提高诉讼效率，同时还要保证审理过程的公平公正。

99. 什么是上诉不加刑原则?

案例背景

王磊在好友张强的怂恿下，打算去别人家“拿点钱”。于是，经二人协商，由王磊放哨，张强负责盗窃，盗窃完成后，两人五五分成。后事情暴露，两人因盗窃罪被检察机关依法提起公诉。诉讼过程中，两人认罪态度较好，并积极进行赔偿，后王磊、张强均被判处有期徒刑两年。判决生效后，王磊及其家人认为王磊是在张强的怂恿下才盗窃的，情节应该比张强轻，于是想要提出上诉。但由于王磊及家人对法律不是很了解，怕万一上诉后减不了刑，反而刑罚加重。后来，了解到《刑事诉讼法》中有上诉不加刑原则，这才放心。

学法有疑

到底什么是上诉不加刑原则呢?

法律讲堂

上诉不加刑原则，是指第二审人民法院审理只有被告一方提出的上诉案件，不得以任何理由加重被告人的刑罚。对此，我国《刑事诉讼法》第二百三十七条有明确规定:“第二审人民法院审理被告人或者他的法定代理人、辩护人、近亲属上诉的案件，不得加重被告人的刑罚。第二审人民法院发回原审人民法院重新审判的案件，除有新的犯罪事实，人民检察院补充起诉的以外，原审人民法院也不得加重被告人的刑罚。人民检察院提出抗诉或者自诉人提出上诉的，不受前款规定的限制。”上诉不加刑原则在刑事诉讼中有着重要意义，不仅有利于保障被告人充分行使上诉权，而且有利于保证上诉制度和两审终审制度的贯彻执行。

法律条文

《中华人民共和国刑事诉讼法》

第二百三十七条 第二审人民法院审理被告人或者他的法定代理人、辩护人、近亲属上诉的案件，不得加重被告人的刑罚。第二审人民法院发回原审人民法院重新审判的案件，除有新的犯罪事实，人民检察院补充起诉的以外，原审人民法院也不得加重被告人的刑罚。

人民检察院提出抗诉或者自诉人提出上诉的，不受前款规定的限制。

一句话说法

上诉不加刑原则的核心是不得加刑，保证了被告人不服原审判决时，可以充分行使上诉权。

100. 不懂汉语的少数民族当事人，如何参加刑事诉讼？

案例背景

夏某从小生长在新疆，到北京天安门看升国旗仪式是他从小的愿望。于是，2019 年 6 月，夏某来到北京天安门看升国旗仪式。到北京后，夏某先找了一家旅馆住了下来。第二天，夏某早早起来打车前往天安门。到达天安门后，夏某向出租车司机要发票，司机说发票打印纸没有了，打不了发票。汉语不好的夏某以为出租车司机不愿意给开发票，因此双方发生了争执，厮打在一起。出租车司机被夏某打伤。事后，夏某被诉至法院，法院依法受理，但是夏某是少数民族人员，不太懂汉语，不知该怎么参加诉讼。

学法有疑

那么，不懂汉语的夏某该如何参加诉讼呢？

法律讲堂

我国《刑事诉讼法》第九条规定，各民族公民都有使用本民族语言文字进行诉讼的权利，我国《宪法》对此也作了相应的规定。用本民族语言进行诉讼，这既是《刑事诉讼法》的一项基本原则，也是少数民族公民的一项基本的诉讼权利。此外，法律还规定，人民法院、人民检察院和公安机关应当为不通晓当地通用语言文字的诉讼参与人提供翻译。本案中，因夏某不懂汉语，因此在诉讼过程中，夏某有权使用本民族语言文字参加诉讼。由于他不懂汉语，人民法院在诉讼中应当为其提供翻译。

法律条文

《中华人民共和国刑事诉讼法》

第九条 各民族公民都有用本民族语言文字进行诉讼的权利。

人民法院、人民检察院和公安机关对于不通晓当地通用的语言文字的诉讼参与人，应当为他们翻译。

在少数民族聚居或者多民族杂居的地区，应当用当地通用的语言进行审讯，用当地通用的文字发布判决书、布告和其他文件。

一句话说法

各民族之间是平等的，在诉讼中，各民族公民都有使用自己本民族语言的权利，并且法院应当为其提供翻译。

101. 被警方逮捕后如实供述罪行的犯罪嫌疑人，是否能得到宽大处理？

案例背景

2019年年初，杨某伙同范某等人利用网络诈骗10万余元人民币。两个月后，杨某落网。虽然杨某意识到了自己的错误，但始终不愿意说出作案细节。警方告诉他，如果杨某自愿如实供述自己罪行的话，可以争取得到从宽处理。杨某不相信，因为网上流传着“坦白从宽，牢底坐穿”这句话，他担心自己说多错多，被加重处罚。

学法有疑

犯罪嫌疑人自愿如实供述罪行的，可以依法从宽处理吗？

法律讲堂

犯罪嫌疑人、被告人如实供述自己涉嫌犯罪的事实，可以依法得到宽大处理。现实生活中，不少人对“如实供述罪行”及相关后果存在误解。为了鼓励犯罪嫌疑人、被告人自愿供述犯罪事实，让他们意识到自己行为的错误性和危害性，提高办案效率，我国《刑事诉讼法》第十五条特别规定：“犯罪嫌疑人、被告人自愿如实供述自己的罪行，承认指控的犯罪事实，愿意接受处罚的，可以依法从宽处理。”同时，根据《刑事诉讼法》第一百八十二条的规定，如果犯罪嫌疑人自愿如实供述罪行，有重大立功或者案件涉及国家重大利益的，经法定程序之后，公安机关可以撤销案件，人民检察院可以作出不起诉决定，或对涉嫌数罪中的一项或者多项不起诉。可见，如实供述罪行对犯罪嫌疑人、被告人来说，是极其重要的，这直接关系到其所受到的刑事处罚的轻重。案例中的杨某对此存在错误认识，坦白从宽不仅不会牢底坐穿，反而可能依法获得从宽处理。

法律条文

《中华人民共和国刑事诉讼法》

第十五条 犯罪嫌疑人、被告人自愿如实供述自己的罪行，承认指控的犯罪事实，愿意接受处罚的，可以依法从宽处理。

第一百八十二条 犯罪嫌疑人自愿如实供述涉嫌犯罪的事实，有重大立功或者案件涉及国家重大利益的，经最高人民检察院核准，公安机关可以撤销案件，人民检察院可以作出不起诉决定，也可以对涉嫌数罪中的一项或者多项不起诉。

根据前款规定不起诉或者撤销案件的，人民检察院、公安机关应当及时对查封、扣押、冻结的财物及其孳息作出处理。

一句话说法

犯罪嫌疑人或被告人在向警方、检察院等陈述罪行时，应当如实供述自己所涉犯罪的事实，以争取从宽处理。如果犯罪嫌疑人供述涉嫌犯罪的事实符合重大立功条件或案件涉及国家重大利益的，经过最高人民检察院核准，公安机关可以撤销该案，人民检察院可以对相关罪行作出不起诉决定。

102. 自愿认罪的犯罪嫌疑人，都要签认罪认罚具结书吗？

案例背景

毛某天生又聋又哑，自幼被亲生父母遗弃，由拾荒的人捡回家抚养。毛某长大后，误入某拐卖妇女儿童的犯罪集团，主要负责传送消息。2019年10月，毛某被派去中转一个7岁的被害人，事成后不久，毛某良心发现，主动向警方投案自首。羁押过程中，毛某自愿认罪认罚，但警方没有让他签署认罪认罚具结书。

学法有疑

自愿认罪认罚的犯罪嫌疑人都要签认罪认罚具结书吗？

法律讲堂

并非所有自愿认罪认罚的犯罪嫌疑人都要签署认罪认罚具结书。我国《刑事诉讼法》第一百七十四条规定：“犯罪嫌疑人自愿认罪，同意量刑建议和程序适用的，应当在辩护人或者值班律师在场的情况下签署认罪认罚具结书。犯罪嫌疑人认罪认罚，有下列情形之一的，不需要签署认罪认罚具结书：（一）犯罪嫌疑人是盲、聋、哑人，或者是尚未完全丧失辨认或者控制自己行为能力的精神病人的；（二）未成年犯罪嫌疑人的法定代理人、辩护人对未成年人认罪认罚有异议的；（三）其他不需要签署认罪认罚具结书的情形。”由此可见，当犯罪嫌疑人自愿认罪，对指控的犯罪事实和罪名没有异议，同意量刑建议和程序适用时，应当依法签署认罪认罚具结书。但是，认罪认罚具结书的适用存在例外，当犯罪嫌疑人因盲、聋、哑或精神原因无法签署认罪认罚具结书，或者未成年犯罪嫌疑人的法定代理人或辩护人对未成年人认罪认罚存在异议时，不需要签署认罪认罚具结书。本案中，毛某是聋哑人，根据前述规定，即使他认罪认罚，也不需要签署认罪认罚具结书。

法律条文

《中华人民共和国刑事诉讼法》

第一百七十四条 犯罪嫌疑人自愿认罪，同意量刑建议和程序适用的，应当在辩护人或者值班律师在场的情况下签署认罪认罚具结书。

犯罪嫌疑人认罪认罚，有下列情形之一的，不需要签署认罪认罚具结书：

（一）犯罪嫌疑人是盲、聋、哑人，或者是尚未完全丧失辨认或者控制自己行为能力的精神病人的；

（二）未成年犯罪嫌疑人的法定代理人、辩护人对未成年人认罪认罚有异议的；

（三）其他不需要签署认罪认罚具结书的情形。

认罪认罚具结书是对犯罪嫌疑人、被告人从宽处理的依据之一，如果犯罪嫌疑人自愿认罪认罚的，应在辩护人或值班律师在场的情况下签署认罪认罚具结书。当犯罪嫌疑人是盲、聋、哑人或限制民事行为能力的精神病人时，不需要签署认罪认罚具结书。

103. 如果证据确凿，即使犯罪嫌疑人拒不认罪，法院也可以定罪吗？

案例背景

2019 年 12 月 2 日是周瑜 23 岁的生日，他邀请朋友到某饭店参加他的生日聚会。可能因为好久都没有在一起聚会了，所以大家都玩得特别尽兴，也都喝得有些高了。聚会结束后，周瑜准备去结账，但已经喝高的周瑜走起路来很不稳，正好碰到了服务员小张，小张将酒全部洒在了周瑜的身上。周瑜大发雷霆，拽起小张就是一顿暴打，周瑜的朋友也赶来帮忙，结果小张被打伤，后被送往医院。饭店经理报了警，公安机关将周瑜等相关人员带回审讯，但周瑜拒不认罪。饭店的监控录像已经清晰地记录了周瑜殴打小张的过程，饭店的其他人员也可以证明，于是公安机关将案件移交到了检察院，检察院依法提起了公诉。

学法有疑

如果周瑜拒不认罪，法院可以依据确凿的证据给周瑜定罪吗？

法律讲堂

本案中，虽然犯罪嫌疑人周瑜拒不认罪，但是公安机关已经掌握了充分的证据，足以证明周瑜犯罪事实成立，可以形成完整的证据链条，据此可以移交检察院审查起诉，法院也是可以据此定罪的。证据的种类有很多，每种证据的证明力都是不同的，犯罪嫌疑人和被告人的供述当然可以非常直接地认定案件事实，但是我国实行的是重实证、不轻信口供的原则。只有口供而没有其他证据的，不能定罪处罚，但零口供而其他证据确凿的，人民检察院可以审查起诉。法院对此类案件，也可以判处犯罪嫌疑人罪名成立。

法律条文

《中华人民共和国刑事诉讼法》

第五十五条 对一切案件的判处都要重证据，重调查研究，不轻信口供。只有被告人供述，没有其他证据的，不能认定被告人有罪和处以刑罚；没有被告人供述，证据确实、充分的，可以认定被告人有罪和处以刑罚。

证据确实、充分，应当符合以下条件：

（一）定罪量刑的事实都有证据证明；

（二）据以定案的证据均经法定程序查证属实；

（三）综合全案证据，对所认定事实已排除合理怀疑。

一句话说法

我国实行的是重实证、不轻信口供的原则。只要证据确凿，即使犯罪嫌疑人拒不认罪，法院依旧可以判处其罪名成立。

104. 在认定犯罪嫌疑人构成犯罪的证据不足的情况下，还能认定有罪吗?

案例背景

一个周日的早晨，张大爷到附近的湖边晨练，发现一位女士躺在地上一动不动。张大爷以为这位女士晕倒了，就想要过去帮一把，结果走过去后发现不对劲。张大爷仔细一看，原来这位女士已经死了。张大爷赶紧报了警，警察经过检查取证，初步认定死者的丈夫王某有作案的嫌疑。随后，警方将王某带回公安局协助调查，后王某被人民检察院提起公诉，起诉理由是王某涉嫌谋杀自己的妻子。法院通过对此案的审理，并对证据逐一进行认证，认为王某谋杀其妻子的事实不清、证据不足，并且此案存在很多疑点，无法就此认定王某构成犯罪，但也无法完全排除王某的嫌疑。

学法有疑

那么，在这种情况下，还能认定犯罪嫌疑人有罪吗?

法律讲堂

疑案，就是刑事诉讼中对案件事实的证明证据不足，没有达到证明标准，因而难以决断的案件。《刑事诉讼法》确立了无罪推定、疑罪从无的原则，即证据不足的，不能认定为犯罪。结合案例说明，死者的丈夫王某虽有作案嫌疑，但是该案事实不清、证据不足，且有很多疑点，因此不能认定王某构成犯罪。

法律条文

《中华人民共和国刑事诉讼法》

第二百条 在被告人最后陈述后，审判长宣布休庭，合议庭进行评议，根据已经查明的事实、证据和有关的法律规定，分别作出以下判决：

……

（三）证据不足，不能认定被告人有罪的，应当作出证据不足、指控的犯罪不能成立的无罪判决。

我国法律规定，在认定犯罪嫌疑人构成犯罪的证据不足的情况下，不能认定犯罪嫌疑人有罪。

105. 未成年人犯罪的案件，可以申请不公开审理吗？

案例背景

小伟的母亲在和小伟父亲谈恋爱时就怀上了小伟，不久后，小伟的父亲就去了美国再也没有回来，小伟一直和妈妈相依为命。班上的同学经常嘲笑小伟是野孩子，甚至欺负小伟。随着年龄的增长，小伟的自尊心越来越强，听到有人在背后说他是野孩子时就会非常气愤。有一天放学后，小王等几个同学跟在小伟背后嘲笑小伟是野孩子，没有教养。愤怒的小伟捡起地上的砖头照着小王的头砸去，小王当场倒地，后经抢救无效身亡。人民检察院对此案提起公诉，但小伟是未成年人，因此小伟的母亲向法院请求不公开审理。

学法有疑

法院会支持小伟母亲的请求吗？

法律讲堂

审判时被告人不满十八周岁的案件，不公开审理。依法不公开审理的案件，就是指案件审理过程不允许群众参加，不允许新闻记者进行采访和发表有关审判过程的报道。未成年人犯罪有着一定的特殊性，办理未成年人犯罪案件，一般贯彻教育、感化、挽救的方针，坚持以教育为主、惩罚为辅的原则，以达到挽救违法犯罪的未成年人、预防和减少犯罪的目的。因此，对于此类案件一般不会公开审理。本案中，涉案的犯罪嫌疑人小伟是未满18周岁的未成年人，鉴于犯罪的孩子年龄较小，如果公开审理，受到的冲击必然会很大。因此，法院会支持小伟母亲的请求，实行不公开审理。

法律条文

《中华人民共和国刑事诉讼法》

第一百八十八条 人民法院审判第一审案件应当公开进行。但是有关国家秘密或者个人隐私的案件，不公开审理；涉及商业秘密的案件，当事人申请不公开审理的，可以不公开审理。

不公开审理的案件，应当当庭宣布不公开审理的理由。

第二百八十五条 审判的时候被告人不满十八周岁的案件，不公开审理。但是，经未成年被告人及其法定代理人同意，未成年被告人所在学校和未成年人保护组织可以派代表到场。

一句话说法

未成年人犯罪有着一定的特殊性，为了挽救违法犯罪的未成年人，预防和减少犯罪，法院一般会采取不公开审理。

106. 违反法庭秩序，要承担什么责任？

案例背景

韩某是某高中的老师，也是女同学谢某的班主任。韩某经常借补课之名对谢某进行性骚扰，甚至在一次“补课”中对谢某实施了强奸。不久后，谢某的母亲发现谢某怀孕了，追问之下，谢某说出了一切。谢某的父母在气恼之下向公安局报了案，要求追究韩某的刑事责任。2019 年 5 月 12 日，法院对此案进行审理，在法庭辩论过程中，韩某一口咬定谢某是自愿的，并不是自己强迫她的。谢某的母亲听后非常生气，直接冲到了被告席，法警及时拦住了她，但谢某的母亲还是一直大骂韩某，导致法庭秩序混乱。

学法有疑

那么，谢某的母亲需要承担什么责任？

法律讲堂

本案中，谢某的母亲违反法庭秩序，情节比较严重，审判长应当令法警将其强行逐出法庭，事后再给予相应的行政处罚。对于违反法庭秩序的行为，一般有三种处理方式：对于一般违反法庭秩序的，审判长应当予以警告，并制止其违反法庭秩序的行为，如果不听制止，就将其强行带出法庭；对于违反法庭秩序，情节严重的，给予司法罚款和拘留；对于严重违反法庭秩序，构成犯罪的，要依法追究其刑事责任。

法律条文

《中华人民共和国刑事诉讼法》

第一百九十九条 在法庭审判过程中，如果诉讼参与人或者旁听人员违反法庭秩序，审判长应当警告制止。对不听制止的，可以强行带出法庭；情节严重的，处以一千元以下的罚款或者十五日以下的拘留。罚款、拘留必须经院长批准。被处罚人对罚款、拘留的决定不服的，可以向上一级人民法院申请复议。复议期间不停止执行。

对聚众哄闹、冲击法庭或者侮辱、诽谤、威胁、殴打司法工作人员或者诉讼参与人，严重扰乱法庭秩序，构成犯罪的，依法追究刑事责任。

一句话说法

法庭在审理案件时，诉讼参与人或者旁听人员应当遵守法庭秩序，不得违反，否则需要承担相应的责任。

107. 如何处理死缓犯在死刑缓期执行期间故意犯罪的情况?

案例背景

赵某因故意杀人罪被法院判处死刑缓期二年执行，并进入省重刑监狱服刑。在死刑缓刑考察期内，赵某与同监狱的钱某发生冲突，钱某对赵某破口大骂，赵某非常生气，心想反正自己也是要死的人，多杀一个也没关系，一气之下便将钱某打成重伤。钱某被送往医院急救，经抢救无效死亡。监狱执行机关上报人民法院，请求人民法院对赵某的故意犯罪行为进行处理。

学法有疑

死缓犯在死刑缓期执行期间故意犯罪的，应当如何处理?

法律讲堂

死刑是剥夺人生命的刑罚，是一种最严厉的刑罚，执行死刑以后没有补救的措施。因此，我国在适用死刑方面是非常慎重的。此外，即使是已经被判处死刑的人，国家也希望能给予这些人改过的机会，死刑缓刑制度就是基于这样的目的设立的。在设定的两年死刑缓刑考察期内，如果罪犯没有故意犯罪的，死刑缓期执行期满，可以依法报请高级人民法院裁定减刑。如果故意犯罪，情节恶劣，查证属实，应当执行死刑的，由高级人民法院报请最高人民法院核准；对于故意犯罪未执行死刑的，死刑缓期执行的期间重新计算，并报最高人民法院备案。

本案中，赵某在死刑缓刑期间故意对他人进行伤害，已经构成了故意杀人罪，且情节十分恶劣。根据我国法律的规定，如果赵某故意犯罪的事实查证属实，则应当由高级人民法院报请最高人民法院进行执行死刑的核准，对赵某立即执行死刑。

法律条文

《中华人民共和国刑事诉讼法》

第二百六十一条第二款 被判处死刑缓期二年执行的罪犯，在死刑缓期执行期间，如果没有故意犯罪，死刑缓期执行期满，应当予以减刑的，由执行机关提出书面意见，报请高级人民法院裁定；如果故意犯罪，情节恶劣，查证属实，应当执行死刑的，由高级人民法院报请最高人民法院核准；对于故意犯罪未执行死刑的，死刑缓期执行的期间重新计算，并报最高人民法院备案。

被判处死刑缓期二年执行的罪犯，在两年的死刑缓期执行期间没有故意犯罪的，可以依法报请高级人民法院裁定减刑；有故意犯罪，情节恶劣，查证属实，应当执行死刑的，由高级人民法院报请最高人民法院核准。

108. 判决生效后起诉罪名有误该如何处理?

案例背景

河南省郑州市检察院以交通肇事罪对犯罪嫌疑人金某提起了公诉，郑州市人民法院判处金某交通肇事罪成立，金某没有对此判决提起上诉，检察机关也没有提起抗诉，判决生效。但没过多久，检察院突然发现，金某在交通肇事后为逃避法律责任，故意将被害人遗弃，致使被害人因没有得到救助而成为残疾，依照法律应当将金某定为故意伤害罪。

学法有疑

对于判决生效后，发现起诉罪名有误的，应当如何处理?

法律讲堂

我国《刑事诉讼法》第二百五十四条第三款和第四款明确规定，最高人民检察院对各级人民法院已经发生法律效力的判决和裁定，上级人民检察院对下级人民法院已经发生法律效力的判决和裁定，如果发现确有错误，有权按照审判监督程序向同级人民法院提出抗诉。根据此规定，可以得知有权通过审判监督程序提出抗诉的机关只能是最高人民检察院或者其他原审法院的上级人民检察院。也就是说，与作出原审判决的法院的同级检察院无权提出抗诉，只能向上级检察院提出《提请抗诉报告书》，请求上级人民检察院向同级人民法院提起抗诉。如果是最高人民法院已生效的判决、裁定出现错误，则由最高人民检察院依法提起抗诉。结合案例说明，该市人民检察院因起诉的罪名有误而使法院对金某交通肇事一案的认定有误，可以向上级检察院提出申请，要求上级检察院依法对该市人民法院的上级法院提起抗诉。

法律条文

《中华人民共和国刑事诉讼法》

第二百五十四条第三款 最高人民检察院对各级人民法院已经发生法律效力的判决和裁定，上级人民检察院对下级人民法院已经发生法律效力的判决和裁定，如果发现确有错误，有权按照审判监督程序向同级人民法院提出抗诉。

第四款 人民检察院抗诉的案件，接受抗诉的人民法院应当组成合议庭重新审理，对于原判决事实不清楚或者证据不足的，可以指令下级人民法院再审。

一句话说法

人民检察院提起抗诉作为审判监督程序的一种，确实可以起到审判监督的职能，维护法律的公平与正义。

第 3 章 行政官司

第一节 如何提起行政诉讼

109. 被告方的负责人在行政诉讼中因事不能出庭的，应该怎么办？

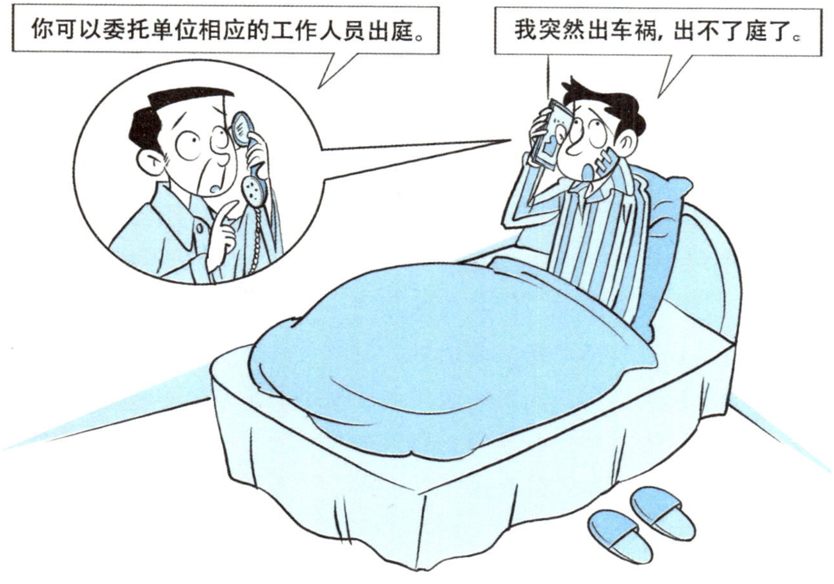

案例背景

国庆小长假，吴某开车回家探亲，中途发现有个女人抱着孩子向他招手，看上去好像很着急的样子。吴某立即停下车，问过后才知道孩子发烧要送医院，但一直打不着车，没有办法只能试图拦一辆车。吴某二话没说立即把他们送到了附近的医院。女人抱着孩子下车后坚持要给吴某20元钱，并对吴某表示感谢。谁知这一过程被交通局执法人员发现，交通局遂对吴某作出行政处罚决定，决定对其罚款5000元。吴某不服，提起行政诉讼。法院受理该案后，决定于2019年8月5日开庭审理。但开庭期间，被告负责人杨某发生了车祸，因此不能出庭。

学法有疑

在行政诉讼中，负责人因有事不能出庭，该怎么办？

法律讲堂

本案中，被告交通局的负责人杨某在开庭期间因发生车祸，不能出庭。鉴于工作上的安排及需要，杨某有正当理由不能出庭，可以委托交通局了解该案的工作人员出庭应诉，以维护被告的合法权益。依据《行政诉讼法》第三条第三款的规定，在行政诉讼中，被诉行政机关的负责人应当出庭应诉，不能出庭的则应当委托行政机关相应的工作人员出庭。行政机关负责人出庭应诉在有效预防和化解涉诉行政争议、推动法治政府建设、优化行政司法审判环境等方面起着很重要的作用。但是，很多时候被诉行政机关负责人因工作或其他正当理由不能出庭应诉，在这种情况下，该负责人应当委托行政机关相应的工作人员出庭。

法律条文

《中华人民共和国行政诉讼法》

第三条 人民法院应当保障公民、法人和其他组织的起诉权利，对应当受理的行政案件依法受理。

行政机关及其工作人员不得干预、阻碍人民法院受理行政案件。

被诉行政机关负责人应当出庭应诉。不能出庭的，应当委托行政机关相应的工作人员出庭。

行政诉讼中，被告方的负责人在无正当理由的情况下应当亲自出庭，当然这并不意味着他只能自己出庭应诉，他同样有权利依法委托诉讼代理人出庭应诉。

110. 农民能否因认为政府侵犯自己的土地承包经营权而提起行政诉讼?

案例背景

在政府落实家庭联产承包责任制时，牛家庄的王某与牛某各分得4.55亩与3.78亩田地。2015年，王某为了经营耕种方便就与牛某协商将自己位于村南的0.82亩地与牛某位于村北的0.8亩地互换耕种，牛某同意，两人达成协议。直到2019年2月，某公司到该村从事农业科研，需要租种村里的土地。这时王某才发现，牛某的土地承包经营权证上不仅有牛某位于村北的0.8亩地，还有原本分给自己的位于村南的0.82亩地。王某找到牛某说明此事，但牛某并不承认互换耕地这一事实的存在，并称政府将地登记到自己名下，就是自己的承包地。王某认为政府侵犯了自己的土地承包经营权，打算提起行政诉讼。

学法有疑

王某能否因认为政府侵犯自己的土地承包经营权而提起行政诉讼？

法律讲堂

依据我国《行政诉讼法》第十二条的规定，人民法院受理公民、法人和其他组织认为行政机关侵犯其经营自主权或者农村土地承包经营权、农村土地经营权而提起的诉讼。农村土地承包经营权证书是农村土地承包合同生效时，国家依法确认承包方享有土地承包经营权的法律凭证，是每个承包方享有承包经营权的一种证明。颁发土地承包经营权证属于人民政府依国家职权实施的一种行政行为，因此，土地承包当事人对地方人民政府关于土地承包经营权证的审查、登记、发放、收回、注销等行政行为有异议，向法院起诉的，法院应按行政案件受理和审理。也就是说，农民认为政府侵犯了自己的土地承包经营权，是可以提起行政诉讼的。结合案例说明，王某认为政府将自己的承包地登记到牛某名下的行为侵犯了其土地承包经营权，其有权向当地人民法院提起行政诉讼，其诉讼主体资格是合法有效的。人民法院也应以侵犯土地承包经营权立案受理本案。

法律条文

《中华人民共和国行政诉讼法》

第十二条 人民法院受理公民、法人或者其他组织提起的下列诉讼：

……

（七）认为行政机关侵犯其经营自主权或者农村土地承包经营

权、农村土地经营权的；

……

一句话说法

我国法律规定，公民认为政府侵犯其经营自主权或者农村土地承包经营权、农村土地经营权的，可以提起行政诉讼。

111. 父母的证件被子女偷走后变更了房地产产权，父母该怎么办？

案例背景

老袁是一名普通的工人，妻子早年就去世了，有一个不争气的儿子，名叫袁平。老袁没什么财产，只有一套老房子，而这套房子也一直被那个不争气的儿子袁平惦记着。袁平为了得到这套房子，便趁父亲不在家时，将父亲的身份证及房产证偷走，伪造了一份房屋买卖合同，私下将房屋产权变更至自己名下。老袁得知此事后，非常生气，将该地区房产事业管理局和其子袁平一并告上法庭，要求撤销产权更名登记。

学法有疑

对于老袁的诉求，法院会受理吗？

法律讲堂

依据我国《行政诉讼法》第十二条的规定，认为行政机关侵犯其人身权、财产权等合法权益的，可以提起行政诉讼。本案中，袁平瞒着父亲办理房产过户手续时，房地产管理部门没有履行好监督管理的职责，未按照规定审查是否符合转让的条件，违反了法定程序，致使整个转让过程不合法，侵犯了老袁的财产权。因此，法院会受理老袁提起的诉讼。同时，根据法律规定，老袁可以向法院提起行政诉讼，请求法院予以撤销。

法律条文

《中华人民共和国行政诉讼法》

第十二条 人民法院受理公民、法人或者其他组织提起的下列诉讼：

……

（十二）认为行政机关侵犯其他人身权、财产权等合法权益的。

一句话说法

一般情况下，变更房屋产权时双方当事人都必须在场，如果在一方不在场的情况下，仅由另一方操作，伪造了合同，则视为程序违法。

112. 因不动产提起的行政诉讼，起诉期限最长是多久？

案例背景

2018年1月，某镇人民政府认定5户村民在村里自建的围墙属于违法建筑，并对其进行强制拆除。这一举措引起了该5户村民的不满，因此，该5户村民于2019年9月底向某法院提起了行政诉讼，法院接到起诉状后随即依法进行了审理，最终以已过诉讼时效为由判决驳回原告的诉讼请求。

学法有疑

那么，法院的做法正确吗？因不动产提起的行政诉讼，起诉期限最长是多久？

法律讲堂

该法院忽略了不动产的特殊性，忽略了最长起诉期限的适用，因此，法院的做法是错误的。在行政诉讼中，因不动产提起的诉讼，起诉期限应为 20 年。根据我国《行政诉讼法》第四十六条第二款的规定，因不动产提起的行政诉讼，其诉讼时效是行政诉讼案件时效规定的一个例外。普通的行政案件诉讼时效是 6 个月，而不动产案件的诉讼时效是 20 年。诉讼时效的存在，既有利于保障行政管理秩序，又有利于保障人民的合法权益，否则行政行为将会长期处在一个不确定的状态。不动产因为其特殊性和重要性，所以适用了最长的起诉期限，即 20 年。

本案中，行政行为是在 2018 年 1 月作出的，5 户居民是在 2019 年 9 月提起的诉讼，仅仅过了一年多的时间。因此，法院的判决是错误的。法院应当依法对本案进行正确的审理。

法律条文

《中华人民共和国行政诉讼法》

第四十六条 公民、法人或者其他组织直接向人民法院提起诉讼的，应当自知道或者应当知道作出行政行为之日起六个月内提出。法律另有规定的除外。

因不动产提起诉讼的案件自行政行为作出之日起超过二十年，其他案件自行政行为作出之日起超过五年提起诉讼的，人民法院不予受理。

在法律规定中，对于有些诉讼的起诉期限是有特殊规定的。当然，一旦权利受到侵害，尽早提起诉讼才能够避免侵害再扩大化。

113. 当商家认为某些行政机关为了某些目的而对自己进行“打压”，为竞争对手提供“帮助”时，该如何维护自身权益？

案例背景

某地盛产大枣，为带动当地经济发展，地方政府开始组织人们建立食品加工厂，对当地产的大枣进行加工。刚开始时，厂子生意不错，也打开了销路。但是不久后，一家外地企业进入本地，也开始进行大枣加工。不同的是，这家企业并非使用当地产的大枣为原料，而是引进了一些其他大枣品种，这些品种的大枣不仅产量高，而且口感好，再加上这家外来企业的经营者很有商业头脑，使得该厂的业绩不断上升，并迅速超过了当地的食品加工厂。面对这种情况，当地的市场监管部门为了保护当地食品加工厂的发展，就以对该外地企业进行质量检查为由，检查该厂的大枣产品，并称该厂生产的食品不合格，所用的原料对人身体有害，要求其以后只能采用当地生产的大枣进行食品加工，不得采用其他大枣。该企业的经营者觉得当地市场监管部门为保护当地企业而对自己的企业进行“打压”的行为是不合法的，那么，在这种情况下，企业该怎样维护自己的权益呢？

学法有疑

面对某些行政机关对自己的“打压”，企业该如何维权？

法律讲堂

企业可以采取诉讼的方式维权。即如果该外地企业的经营者认为当地市场监管部门的行为是利用不合法手段对自己的企业进行变相“打压”，那么他们是可以提起行政诉讼的。根据我国《行政诉讼法》第十二条的规定，人民法院依法受理公民、法人和其他组织认为行政机关滥用行政权力排除或限制竞争提起的诉讼。本案中，该外地企业认为市场监管部门通过滥用行政权力排除和限制竞争，直接给自己的竞争对手提供了政策上的帮助，这种行为是违法的，因此，该企业有权利向当地人民法院提起行政诉讼，其诉讼主体资格是合法有效的。

行政机关滥用行政权力排除或限制竞争的行为，其实质都是行政机关对市场条件下平等主体给予了不平等的待遇，严重扰乱了正常的市场经济秩序。这种违反合法、合理原则滥用行政权力的行为，应当予以禁止。

法律条文

《中华人民共和国行政诉讼法》

第十二条 人民法院受理公民、法人或者其他组织提起的下列诉讼：

……

（八）认为行政机关滥用行政权力排除或者限制竞争的；

……

一句话说法

对于某些行政机关为了“帮助”当地企业发展，而对外来企业进行变相“打压”的情况，外来企业可以通过提起行政诉讼的方式来维护自己的权益。

114. 当企业认为行政机关的一些"摊派"行为是违法的，损害了自己的合法权益时，可以提起行政诉讼吗？

案例背景

蔡某是一家小型服装贸易公司的老板，虽然公司的经营规模不大，但由于蔡某为人厚道，且有经营头脑，因此生意做得顺风顺水。某日，区税务局对蔡某的服装贸易公司进行了抽查，抽查完后，强制要求蔡某的公司订阅当地的期刊。蔡某觉得，不能因这些"小事"来影响自己同税务机关的关系，以免惹来一些不必要的麻烦，于是就开始订阅这些期刊。可谁知，自此之后，税务机关总是以各种理由让蔡某订阅一些东西，积少成多，这些订阅费成了一笔不小的开销。此时，蔡某意识到了问题的严重性，决定维护自己的权益。那么，在这种情况下，蔡某可以提起行政诉讼吗？

学法有疑

面对行政机关不合法的"摊派"行为，企业和公民该如何应对？

法律讲堂

蔡某认为区税务局强行要求其订阅期刊的行为已经损害了自己的合法权益，他是可以提起行政诉讼的。依据我国《行政诉讼法》第十二条的规定，人民法院受理公民、法人和其他组织认为行政机关违法集资、摊派费用或者违法要求履行其他义务提起的诉讼。本案中，行政机关违反法律、法规的规定，强行向蔡某经营的公司摊派期刊的行为，严重损害了该公司的合法权益，给该公司造成了损失。蔡某作为该公司的法定代表人，可以以公司的名义向法院提起行政诉讼，维护自己的合法权益。

行政机关应当严格依据法律、法规为公民、法人和其他组织设定义务，这些义务如果是合理合法的，那么公民、法人和其他组织当然应当履行。但是，如果行政机关为维护自己的利益，去设定一些违反法律、法规的义务，并对公民、法人和其他组织的合法权益造成了损害，那么，公民、法人和其他组织就可以依法向人民法院提起行政诉讼。

法律条文

《中华人民共和国行政诉讼法》

第十二条 人民法院受理公民、法人或者其他组织提起的下列诉讼：

……

（九）认为行政机关违法集资、摊派费用或者违法要求履行其他义务的；

……

一句话说法

当企业认为行政机关的“摊派”行为不合理，对自身造成了损害时，为维护自身的合法权益，该企业可以依据相关法律规定向法院提起行政诉讼。

115. 对于民政局应该发放低保金而不发放的行为，符合领取资格的公民是否可以提起行政诉讼来维权？

案例背景

吴某先天残疾，双腿不能活动，亲生父亲因其残疾，决定将其抛弃，母亲刘某于心不忍，坚持留下他，父亲却说若刘某坚持留下这个孩子，他俩就离婚。于是，刘某决定离婚，自己抚养吴某。刘某以在工厂打工为生，母子二人的日子虽然过得辛苦，但还算幸福。然而，一场意外将两人的生活彻底打乱。一次下夜班的途中，刘某不幸发生车祸，经抢救无效死亡，给这个原本就不幸的家庭带来了致命一击。就这样，家里只剩下靠轮椅代步的吴某。考虑到吴某的家庭情况，村、镇决定将吴某纳入低保户范围，给其发放一定的低保费。可是，一年后，吴某仍未见到任何低保费，便向民政局询问，民政局称最近财政比较紧张。那么，针对这种情况，吴某是否可以起诉民政局来维权？

学法有疑

面对民政局应该发放低保金而始终推脱、不予发放的行为，公民该如何维权？

法律讲堂

对于民政局应该发放低保金而始终推脱、不予发放的行为，公民可以依法提起诉讼。依据我国《行政诉讼法》第十二条规定，人民法院受理公民、法人和其他组织认为行政机关没有依法支付抚恤金、最低生活保障待遇或者社会保险待遇提起的诉讼。本案中，该地民政局不按时给吴某发放低保金的行为，违反了法律法规的规定，影响了低保户吴某的基本生活，致使吴某的生活没有了基本保障。吴某在民政局应发而未发低保金时，为维护自己的权益，可以依法起诉民政局。民政局作为职能部门，按时足额发放低保金是国家赋予它的法定职责及义务，其应该严格履行，否则行政相对人有权利对其提起行政诉讼。

法律条文

《中华人民共和国行政诉讼法》

第十二条 人民法院受理公民、法人或者其他组织提起的下列诉讼：

……

（十）认为行政机关没有依法支付抚恤金、最低生活保障待遇或者社会保险待遇的；

……

当行政机关应当为有困难的公民发放低保金，而以各种借口推脱，不予以按时发放，影响低保户的生活时，该低保户可以向人民法院提起行政诉讼来维护自己的合法权益。

116. 受行政机关委托的组织所作的行政行为侵犯他人合法权益时，受到侵害的人应该告谁？

案例背景

近日，流感频发，患感冒的人数激增，各地的消毒杀菌工作显得十分重要。由于工作量较大，区卫生局便委托地方上的卫生所来负责部分社区的消毒杀菌工作。某日，卫生所工作人员秦某负责春华小区的消毒工作，当其要对该小区居民蔡某家进行消毒时，遭到了蔡某的阻拦。蔡某觉得自己家里没有病毒，而且这些杀菌的东西会对家里的东西造成伤害，但秦某觉得这是自己的工作，而蔡某的行为是在阻碍自己的工作，于是，秦某一气之下将蔡某打伤。随后，蔡某以区卫生局为被告，向区法院提起了行政诉讼。那么，蔡某的行为是否正确？法院是否应该受理？

学法有疑

当行政机关委托的组织或机关有侵权行为时，被侵权人该以谁为被告来维权？

法律讲堂

蔡某的做法是正确的。当行政机关委托的组织或机关有侵权行为时，被侵权人应该以委托机关为被告起诉维权。我国《行政诉讼法》第二十六条第五款规定，行政机关委托的组织所作的行政行为侵犯公民合法权益，公民提起行政诉讼的，委托机关是被告。本案中，该区卫生局委托该区的卫生所进行消毒杀菌工作，卫生所工作人员秦某因蔡某拒不消毒而将其打伤，可见卫生所是得到该区卫生局的委托才作出的行政行为，因此该行政行为名义上的主体是区卫生局。所以，区卫生局应是本案的被告，蔡某的做法是正确的，法院应予受理。

一般而言，一个机构要成为行政诉讼的被告应符合两个条件，一是该行政主体有法律法规授予的独立的行政职权；二是要以其名义作出行政行为。当一个行政行为发生后，当事人要确定起诉的被告，先要找到这个行为是以谁的名义作出的，如果这个主体有独立作出行政行为的职权则可以成为被告。

法律条文

《中华人民共和国行政诉讼法》

第二十六条第五款　行政机关委托的组织所作的行政行为，委托的行政机关是被告。

当行政机关委托其他组织来作出一定的行政行为时，若受委托的组织对公民有一定的侵权行为，公民要以委托的行政机关为被告来维护自身权益。

117. 公民对已经不存在的行政机关所作的行政行为不服时，要以谁为被告来维权？

案例背景

李某是一位退休工人，因为平时较为清闲，便想开一家小型食品超市来打发时间。可是，根据当时的规定，食品的买卖必须经当地工商局批准许可才可经营。于是，李某向工商局递交了申请许可，但未获得批准，且没有被告知任何理由。几日后，因行政系统改革，工商局被并入市场监督管理局。这可让李某犯了愁，李某原本想对工商局作出的不批准决定提起诉讼来维护自己的权益，但由于工商局被撤销，李某不知该以谁为被告提起诉讼。那么，面对这种情况，李某该以哪个机关为被告提起行政诉讼呢？

学法有疑

当作出行政行为的行政机关被撤销时，公民对该行政机关作出的行政决定不服的，应该以哪个机关为被告提起行政诉讼？

法律讲堂

李某应以市场监督管理局为被告提起行政诉讼。依据我国《行政诉讼法》第二十六条的规定，依法继续行使原工商局职权的是市场监督管理局，所以应以市场监督管理局为被告提起行政诉讼。这是基于《行政诉讼法》的诚实信用原则制定的，以保护信赖利益，当人民群众对行政机关作出的有关行政行为不服时，可以有相应的救济渠道来依法保障自己的权益。如果作出该行政行为的机关被依法撤销，则应当由原行政机关权利义务的继承机构来承担，从而树立国家机关的权威，增强人民群众对国家机关的信任。

法律条文

《中华人民共和国行政诉讼法》

第二十六条第六款 行政机关被撤销或者职权变更的，继续行使其职权的行政机关是被告。

一句话说法

当公民对行政机关所作的行政行为不服，而该行政机关又被依法撤销的，公民可以以原行政机关的权利义务继承机关为被告提起行政诉讼，以依法维护自己的权利。

118. 当行政机关作出行政判决后，第三人认为该判决有损自己的利益的，可以提起上诉吗？

案例背景

赵某想开一家小商店，并依法取得了市场监管局颁发的营业执照，但钱某觉得市场监管局给赵某颁发营业执照会有损自己的相关利益，于是向法院提起行政诉讼。行政诉讼中，法院通知了赵某，赵某作为第三人而参与到诉讼当中。后法院经审理，认为市场监管局向赵某颁发营业执照的行为确有不当之处，于是作出撤销该行政行为的判决。但是，赵某不服，想提起上诉。那么，赵某是否可以提起上诉？

学法有疑

当第三人认为行政机关所作的行政判决对自身的利益有损害时，是否可为维护自身的权益不受侵害而提起上诉？

法律讲堂

赵某可以提起上诉。我国《行政诉讼法》第二十九条第二款规定："人民法院判决第三人承担义务或者减损第三人权益的，第三人有权依法提起上诉。"该条所称的第三人必须与被诉的行政行为有利害关系。当有利害关系的第三人因法院的判决而承担了义务或者权益受到了减损，可以依法提起上诉，以维护自己的合法权益。本案中，钱某认为市场监管局向赵某发放营业执照的行为会对自己造成损害而提行政诉讼，因赵某与此案有利害关系，故法院通知其作为第三人参加诉讼。而判决的结果是撤销向赵某发放的营业执照，该判决明显有损赵某的利益，赵某当然有权依法提起上诉。

法律条文

《中华人民共和国行政诉讼法》

第二十九条 公民、法人或者其他组织同被诉行政行为有利害关系但没有提起诉讼，或者同案件处理结果有利害关系的，可以作为第三人申请参加诉讼，或者由人民法院通知参加诉讼。

人民法院判决第三人承担义务或者减损第三人权益的，第三人有权依法提起上诉。

一句话说法

作为与行政诉讼案件有利害关系的第三人且依法参加诉讼的，若法院的判决会使该第三人承担义务或使其权益受损，则该第三人有权依法提起上诉。

119. 公民申请行政机关保护人身权，如果行政机关不履行职责，公民必须等到两个月以后才能提起行政诉讼吗?

案例背景

郭某和赵某因琐事产生纠纷，郭某觉得赵某害得自己吃了亏，于是找到赵某家与其理论。赵某认为郭某无中生有，没事找事，于是将郭某推搡了出来。郭某觉得自己受到了莫大的委屈，于是放出话来，让赵某等着，过几日叫自己的兄弟过来收拾他。赵某起初并未将此话当真，可后来，赵某听说郭某真的叫来了一帮兄弟，还四处扬言要找个机会让这群兄弟收拾赵某。赵某开始害怕了，觉得自己的人身安全受到了威胁，于是赶紧跑到附近的公安局，请求公安局对此事进行处理。可是公安局收到申请后不予理睬，也未采取什么行动。此时，赵某想向法院起诉公安局不作为，但是有人告诉他必须过了两个月才能起诉。

学法有疑

赵某必须等到两个月以后才能起诉吗?

法律讲堂

赵某无须等到两个月以后再起诉。虽然我国《行政诉讼法》第四十七条规定，公民、法人或者其他组织申请行政机关履行保护其人身权、财产权等合法权益的法定职责，行政机关在接到申请之日起两个月内不履行的，公民、法人或者其他组织可以向人民法院提起诉讼。法律、法规对行政机关履行职责的期限另有规定的，从其规定。但同时也规定了公民、法人或者其他组织在紧急情况下请求行政机关履行保护其人身权、财产权等合法权益的法定职责，行政机关不履行的，提起诉讼不受前述规定期限的限制。也就是说，考虑到公民的合法权益突然受到侵害，处于需要得到保护的紧急状态，所以法律不要求两个月的期限，这使得公民权益能得到及时有效的保护。本案中，赵某的人身权受到了威胁，如果公安局不及时保护，赵某就有可能受到人身损害。此时赵某正处于紧急情况中，而公安机关接到赵某的申请后未采取行动，故赵某提起行政诉讼不受两个月期限的规定。

法律条文

《中华人民共和国行政诉讼法》

第四十七条 公民、法人或者其他组织申请行政机关履行保护其人身权、财产权等合法权益的法定职责，行政机关在接到申请之日起两个月内不履行的，公民、法人或者其他组织可以向人民法院提起诉讼。法律、法规对行政机关履行职责的期限另有规定的，从其规定。

公民、法人或者其他组织在紧急情况下请求行政机关履行保护其人身权、财产权等合法权益的法定职责，行政机关不履行的，提起诉讼不受前款规定期限的限制。

公民在紧急情况下申请行政机关履行保护其人身权、财产权等合法权益，如果行政机关不依法履行，则公民提起诉讼不受两个月期限的规定。

120. 法院立案庭不接收起诉状，起诉人应该如何维权？

案例背景

某日，洪某驾驶着一辆卡车在路上正常行驶，正好一辆小轿车迎面而来，洪某来不及躲闪，小轿车就径直撞到了洪某驾驶的卡车上，小轿车的司机当场死亡，洪某也受了伤。后来，交通管理部门在认定事故责任时，认定由洪某对该起事故负全责。洪某觉得自己是正常行驶，而小轿车违反交通规则，在会车时没有避让导致了事故的发生，自己不应该承担责任。但是洪某与交警队多次交涉都无果，遂打算将该交通管理部门告上法庭。可是，法院立案庭却拒不接收洪某的起诉状。在这种情况下，洪某应该如何维权呢？

学法有疑

法院立案庭不接收洪某的起诉状，洪某应该怎么办？

法律讲堂

法院立案庭不接收洪某的起诉状是违法的。我国《行政诉讼法》第五十一条第四款规定："对于不接收起诉状、接收起诉状后不出具书面凭证，以及不一次性告知当事人需要补正的起诉状内容的，当事人可以向上级人民法院投诉，上级人民法院应当责令改正，并对直接负责的主管人员和其他直接责任人员依法给予处分。"本案中，洪某在收到法院不接收起诉状的书面凭证后，或者当法院既不接收起诉状，也不出具书面凭证时，可以向上级人民法院投诉。上级人民法院应当责令其改正，并对直接负责的主管人员和其他责任人员依法给予处分。该规定给予了公民一定的救济途径，以最大限度保护公民的权利，从而也有利于限制法院滥用权力。

法律条文

《中华人民共和国行政诉讼法》

第五十一条第四款 对于不接收起诉状、接收起诉状后不出具书面凭证，以及不一次性告知当事人需要补正的起诉状内容的，当事人可以向上级人民法院投诉，上级人民法院应当责令改正，并对直接负责的主管人员和其他直接责任人员依法给予处分。

一句话说法

立案庭不接收公民的起诉状时，公民可以向上级法院投诉，以维护自己的合法权益。

121. 被告行政机关改变被诉行政行为后，原告是否必须撤诉？

案例背景

田大妈是一位退休工人，在家闲来无事，想自己做点小买卖。田大妈的儿子说田大妈做的五香饼味道特别好，建议田大妈开个五香饼店。后来，在儿子的帮助下，田大妈办齐了各项手续，开了一家五香饼店。一年以后，市场监管部门在对田大妈的店例行检查时，称该店超出了规定的经营范围，吊销了田大妈的营业执照。田大妈表示不服，遂向当地的法院提起了行政诉讼。在行政诉讼过程中，市场监管部门改变了被诉行政行为，并依法函告受诉人民法院。但田大妈还是不认同市场监管部门的行为，执意要通过诉讼解决。儿子劝她，既然对方改变了行政行为，她作为原告也应该撤诉。

学法有疑

田大妈必须撤诉吗？

法律讲堂

田大妈可以选择撤诉或者不撤诉，并非必须撤诉。我国《行政诉讼法》第六十二条规定："人民法院对行政案件宣告判决或者裁定前，原告申请撤诉的，或者被告改变其所作的行政行为，原告同意并申请撤诉的，是否准许，由人民法院裁定。"也就是说，在法院宣判或者作出裁定前，即使被告改变了被诉行政行为，是否撤诉也要先看原告是否同意，原告同意以后提出申请，最终由人民法院裁定是否准许撤诉。本案中，田大妈如果愿意撤诉，则可以向法院提出申请，由法院裁定是否准许撤诉，但如果田大妈不撤诉，可以按照《最高人民法院关于行政诉讼撤诉若干问题的规定》第七条的规定来处理，即申请撤诉不符合法定条件，或者被告改变被诉具体行政行为后当事人不撤诉的，人民法院应当及时作出裁判。

法律条文

《最高人民法院关于行政诉讼撤诉若干问题的规定》

第七条 申请撤诉不符合法定条件，或者被告改变被诉具体行政行为后当事人不撤诉的，人民法院应当及时作出裁判。

《中华人民共和国行政诉讼法》

第六十二条 人民法院对行政案件宣告判决或者裁定前，原告申请撤诉的，或者被告改变其所作的行政行为，原告同意并申请撤诉的，是否准许，由人民法院裁定。

被诉行政机关改变被诉行政行为后，原告可以申请撤诉，也可以不同意撤诉。

第二节　诉讼中的证据规则

122. 原告认为鉴定意见有误，是否有权申请重新鉴定？

案例背景

陈某因向民政局申请领取最低生活保障金被拒绝，向当地人民法院提起了行政诉讼。在人民法院审理过程中，民政局向法院提交了陈某不符合领取最低生活保障标准的鉴定意见，但陈某认为自己因右腿残疾一直找不到工作，没有经济来源，符合申请领取最低生活保障金的标准，觉得该鉴定意见有误，要求重新鉴定。

学法有疑

陈某认为鉴定意见有误，是否有权申请重新鉴定？

法律讲堂

鉴定意见作为证据的一种，是指在诉讼中运用专门的知识或技能，对某些专门性问题进行检验、分析后所作出的科学判断。虽然鉴定意见具有一定的科学性，但其作为一种证据，也存在有瑕疵甚至错误的情形。因此，为了保障鉴定意见的可靠性，最大限度地实现公平正义，原告有证据或者有正当理由表明被告据以认定案件事实的鉴定意见可能有错误的，则可以申请重新鉴定，但应在举证期限内以书面形式提出。

本案中，被告民政局向法院提交了关于陈某不符合最低生活保障标准的鉴定意见，但陈某以自己右腿残疾，没有经济收入为由主张鉴定意见有误，请求重新鉴定，应获得准许。

法律条文

《最高人民法院关于行政诉讼证据若干问题的规定》

第二十九条 原告或者第三人有证据或者有正当理由表明被告据以认定案件事实的鉴定结论可能有错误，在举证期限内书面申请重新鉴定的，人民法院应予准许。

法律赋予行政诉讼的原告和第三人申请重新鉴定的权利，但规定必须提出证据或者说明正当理由，并且在举证期限内以书面形式提出，否则，重新鉴定的申请将不能获得准许。

123. 在行政诉讼中，原告就行政行为的合法性负有举证责任吗？

案例背景

张丽丽是北京某公司的员工，家住在河北固安，每天都开车上下班。某日，张丽丽又像往常一样开车去上班，可是由于出门比平时晚了一会儿，赶上了上班早高峰，路上十分堵。张丽丽怕迟到，遂在便道上行驶，不料撞上了骑自行车上学的学生吴某，造成吴某重伤。后来，交警认定该起事故由张丽丽负全责并对其进行处罚，但是张丽丽认为是吴某不遵守交通规则，骑车横冲直撞。最后，张丽丽不服交通处罚，遂提起了行政诉讼。但是，张丽丽不知道自己是不是应该就交通事故认定承担举证责任。

学法有疑

张丽丽就事故认定行为的合法性与否具有举证责任吗？

法律讲堂

本案中，作为原告的张丽丽就事故认定行为的合法性是不负有举证责任的。我国《行政诉讼法》第三十四条第一款规定："被告对作出的行政行为负有举证责任，应当提供作出该行政行为的证据和所依据的规范性文件。"由此可知，在行政诉讼当中，举证责任主要由被诉的行政主体一方承担。在行政诉讼中，原告相对于被告而言处于劣势，所以为了对原告的诉权进行保护，法律作出了此规定。同时，让被告方负举证责任，能有效地促进其依法执政，可以起到一个督促作用。具体到本案中，张丽丽对交警队提起行政诉讼，按照上述法律规定，就事故认定行为是否具有合法性的举证责任由被告方交警大队来承担，原告张丽丽不必负举证责任。当然，对于张丽丽所主张的吴某横冲直撞违反交通规则的行为，如果在交警队能够提供证据证明事故认定行为符合法律规定的情况下，其最好应提交相应的证据，如行车记录仪记录影像或者周边监控等等，否则，张丽丽将无法胜诉。

法律条文

《中华人民共和国行政诉讼法》

第三十四条 被告对作出的行政行为负有举证责任，应当提供作出该行政行为的证据和所依据的规范性文件。

被告不提供或者无正当理由逾期提供证据，视为没有相应证据。但是，被诉行政行为涉及第三人合法权益，第三人提供证据的除外。

在行政诉讼中，被告就自己所作出的行政行为负有举证责任，对此，原告无需承担举证责任。但是，原告可以提供证明行政行为违法的证据。此外，在行政赔偿、补偿的案件中，原告应当对行政行为造成的损害提供证据。而在起诉被告不履行法定职责的案件中，原告应当提供其向被告提出申请的证据。

124. 被告有责任证明原告起诉超期限吗?

案例背景

孙某和妻子周某开了一家熟食店，主要经营自己做的熟食。孙某在开店时，依法办理了相关的手续，并缴纳了相关的费用。后来，市场监管局在检查时称孙某的店手续不齐全，并吊销了孙某的营业执照。孙某多次与市场监管局沟通，市场监管局均未撤销其行政行为。孙某的店开不下去了，十分郁闷。后来，孙某的朋友告知其可以向法院起诉，状告市场监管局。孙某起诉后，在行政诉讼程序中，市场监管局称孙某的起诉已经超过了法定期限，但是孙某觉得自己并未超过。此时，孙某让市场监管局拿出证据证明其已经超过了起诉期限，市场监管局应该证明吗?

学法有疑

市场监管局应该证明孙某起诉超期吗?

法律讲堂

市场监管局应该证明孙某起诉超期。根据我国《最高人民法院关于行政诉讼证据若干问题的规定》第四条第三款的规定:“被告认为原告起诉超过法定期限的，由被告承担举证责任。”

在行政诉讼当中，原告和被告双方当事人的地位不平等，与行政机关比起来，原告处于被动地位，相对来说也比较难收集到证据。但是行政机关的举证能力则很强，所以，为了公平起见，规定由行政机关承担举证责任。本案中，孙某向法院起诉市场监管局，市场监管局主张孙某的起诉已过期限，此时，市场监管局就应该承担证明的责任。

在行政诉讼中，原告一般只承担初步证明责任，如证明自己符合起诉条件；在提出损害赔偿请求时，证明自己遭受损害的事实；

在诉行政不作为时，证明自己提出过申请；等等。对于被告认为原告的起诉超过法定期限的情况，应由被告承担举证责任。

法律条文

《最高人民法院关于行政诉讼证据若干问题的规定》

第四条第三款 被告认为原告起诉超过法定期限的，由被告承担举证责任。

在行政诉讼中，如果被告认为原告起诉超期，应该提出证据证明。

125. 原告主张行政机关对自己造成了损害，必须提出证据证明吗？

案例背景

冯某因扰乱执法，违反了《治安管理处罚法》，后被公安机关行政拘留。在拘留期间，公安机关的工作人员在与冯某交谈的过程中，由于冯某态度不诚恳而对其进行了人身伤害。行政处罚结束以后，冯某将公安机关告上了法庭。冯某在起诉状中称公安局的程警官和刘警官曾对自己拳打脚踢，导致自己受伤，要求其对自己进行赔偿。后来，法院要求冯某出示两位警官将其打伤的证据，但是此时冯某身上的伤已经痊愈，冯某没有任何证据可以证明自己遭受过人身伤害。这种情况下，冯某还能胜诉获得赔偿吗？

学法有疑

冯某没有证据证明自己被打伤，还能获得赔偿吗？

法律讲堂

如果冯某没有证据证明自己被两位警官打伤，那么他将不能胜诉并获得赔偿。根据我国《最高人民法院关于行政诉讼证据若干问题的规定》第五条的规定："在行政赔偿诉讼中，原告应当对被诉具体行政行为造成损害的事实提供证据。"行政赔偿是因为行政主体违法行政侵犯行政相对人的合法权益并造成损害而引起的。由此可知，要想得到行政赔偿，必须满足两个要求：一个是违法的行政行为确实侵害了行政相对人的合法权益；另一个是造成了实际的损害。本案中，冯某必须拿出证据证明公安机关的违法行政行为给自己造成了实际的损害，才能据此确定赔偿的相关问题，否则，只能面临败诉。

法律条文

《最高人民法院关于行政诉讼证据若干问题的规定》

第五条 在行政赔偿诉讼中，原告应当对被诉具体行政行为造成损害的事实提供证据。

在行政赔偿诉讼中，如果原告主张行政机关对自己造成了损害，必须出示证据证明，否则无法胜诉。

126. 原告举出的证据不成立，被告对其行为合法性的举证责任能被免除吗?

案例背景

王大鹏是大鹏食品有限公司的投资人也是总经理，该公司规模不大，以生产火腿肠为主，产品口碑一般。某日，王大鹏经朋友介绍认识了张某，之后张某供给王大鹏一批猪肉。这批猪肉虽便宜却未达到卫生标准，也不知这批猪肉的来源。但王大鹏为了追求利益，将这批猪肉投入了火腿肠的生产中。后来，当地的市场监管局在一次抽查中发现王大鹏公司的一批火腿肠中含有霉变猪肉，于是市场监管局没收了这批火腿肠，并对该公司处罚款20万元。该公司表示不服并提起了行政诉讼，但是其在庭审中出具的证明被诉行政行为违法的证据不成立，而此时，市场监管局觉得既然原告出具的证据不成立，自己就没有责任证明自己的行为合法。

学法有疑

在上述案例中，被诉行政机关对自己行为的合法性是否有举证责任呢?

法律讲堂

在上述案例中，原告不能证明被告的行为违法，但此时被告仍然需要对自己的行政行为的合法性作出证明，也就是说被告对其行为合法性的举证责任并不因原告举证不能而被免除。对此，我国《最高人民法院关于行政诉讼证据若干问题的规定》第六条有明确规定:“原告可以提供证明被诉具体行政行为违法的证据。原告提供的证据不成立的，不免除被告对被诉具体行政行为合法性的举证责任。”本案中，王大鹏的食品公司对市场监管局的行政处罚行为不服而提起诉讼，但是其提出的被告行政行为违法的证据不成立。按照上述法律规定，市场监管局应该举证说明自己的行政行为合法。因为在诉讼过程中，原告提出证据来证明行政行为违法只是原告举证权利的表现，而不是履行证明责任。因此，即使证据不成立，原告也不必承担举证不利的法律后果，被告也不因此免除证明被诉行政行为合法的举证责任。

法律条文

《最高人民法院关于行政诉讼证据若干问题的规定》

第六条 原告可以提供证明被诉具体行政行为违法的证据。原告提供的证据不成立的，不免除被告对被诉具体行政行为合法性的举证责任。

一句话说法

行政诉讼中，即使原告提出的证明被告行政行为违法性的证据不成立，被告也不能因此免除证明被诉行政行为合法的举证责任。

127. 原告在行政程序中拒不提出证据，打算在诉讼中提出，这样做是正确的吗？

案例背景

郑某是一名中专毕业生，由于学历不高，而且所学的专业就业面窄，所以毕业以后找工作屡屡碰壁。后来，郑某在家待业，但是觉得一直待着也不是长久之计，于是经表哥杨某的介绍，来到某工地干活。初来乍到，郑某对一切事物都不太熟练，但是郑某想做好这份工作，所以总是抢着干一些危险性强的工作。某日，在一次高空作业中，郑某不慎从高塔上掉下来，摔成重伤。出院后，郑某去做工伤认定，但是当地的人力资源和社会保障局告知其认定工伤需要出示一些材料，郑某觉得发生的一切都被大家看到了，根本不需要出具什么材料。由于郑某拒不出示材料，当地人力资源和社会保障局对郑某的申请不予受理，郑某遂把该行政机关告上了法庭，打算在诉讼中再出示相关的证据材料。

学法有疑

郑某这样做是正确的吗？

法律讲堂

郑某的做法是不正确的，如果他在行政程序中拒不出示相关证据材料而留在行政诉讼中出示，那么一般情况下法院是不会采纳该证据的，这样郑某就很有可能会败诉。根据《最高人民法院关于行政诉讼证据若干问题的规定》第五十九条的规定：“被告在行政程序中依照法定程序要求原告提供证据，原告依法应当提供而拒不提供，在诉讼程序中提供的证据，人民法院一般不予采纳。”本案中，由于郑某在行政程序中拒不出具相关证据材料，被诉行政机关才作出了不予受理的行政行为，也就是说，该行政行为的产生是由于郑某的不配合，而且，被诉机关要求郑某出示证据材料是依程序办事，所以为了公平起见，原告在行政程序中应提供而未提供的证明材料，即使在诉讼程序中提供了，人民法院一般也不予采纳。

法律条文

《最高人民法院关于行政诉讼证据若干问题的规定》

第五十九条 被告在行政程序中依照法定程序要求原告提供证据，原告依法应当提供而拒不提供，在诉讼程序中提供的证据，人民法院一般不予采纳。

行政诉讼原告在行政程序中应该依法出具相关的证据材料，拒不出示而等到行政诉讼中再出示的，法院一般不予采纳。

128. 行政诉讼中，被告无故缺席，作出缺席判决的，被告所提供的证据是否会被法院采纳？

案例背景

“80后”大学生周某毕业后决定回到家乡，用自己所学到的知识为家乡的发展做贡献。回到家乡后，周某积极走访周边各村，查看各村的农业生产状况，分析当地的优势与劣势。经过多方勘查后，周某觉得，家乡这边的农产品质量不错，但多是初级产品，在市场上没有竞争力，要提高该地农产品的利用率，增加收入，就要对这些初级产品进行深加工。于是，周某打算向政府申请一片集体土地，用来建设农产品加工厂，但要依法取得政府发放的集体建设用地使用证，才能开展后面的工作。于是，周某递交了申请，但该县政府拒绝批准，且未说明理由。这让周某无法接受，无奈之下，周某向法院提起行政诉讼。后该案依法公开审理，但作出不批准行政决定的县政府却无理由拒不到庭，只是出具了一些能说明周某申请不合理的文件以及一份附理由的不批准决定书，在庭审调查后，法院对此案进行了缺席判决。那么，法院作出缺席判决的，被告出具的证据还能被采纳吗？

学法有疑

被告县政府所提供的证据能否被法院采纳呢？

法律讲堂

诉讼以证据为基础，诉讼活动也要以证据为中心，围绕证据来开展，如果被告不参加诉讼，就无法对其提供的证据进行充分的质证，从而明确这份证据的合法性、客观性，当然，也不能很好地了解到此证据与该案的关联性。因此，一般情况下，被告提供的证据在缺席判决中不会被法院采纳。对此，我国《最高人民法院关于行政诉讼证据若干问题的规定》第三十六条也有明确规定：“经合法传唤，因被告无正当理由拒不到庭而需要依法缺席判决的，被告提供的证据不能作为定案的依据，但当事人在庭前交换证据中没有争议的证据除外。”

本案中，被告县政府无正当理由拒不到庭，其所提供证据的真实性和客观性就无法考证，无法判断其是否具有证明能力，当然也不能作为定案的依据。

法律条文

《最高人民法院关于行政诉讼证据若干问题的规定》

第三十六条 经合法传唤，因被告无正当理由拒不到庭而需要依法缺席判决的，被告提供的证据不能作为定案的依据，但当事人在庭前交换证据中没有争议的证据除外。

诉讼中，被告无正当理由拒不到庭，法院作出缺席判决的，被告所提供的相应证据，因无法得到充分证实，不能被法院采纳，也不能作为定案依据。

129. 经过加工处理，无法辨别真伪的照片，能否作为定案依据?

案例背景

在这个网络时代，信息的传播速度极快，这对一些政府官员的行为提出了更高的要求。某日，某市市长孙某的照片登上了网络版面，从网上的照片中不难看出，孙某同一些朋友在酒吧喝酒，身边还围绕着一些衣着比较暴露的陪酒女，而孙某和其中的一些女子交谈甚欢、行为亲密。这样的照片一经广泛传播，引起轩然大波，有关部门立即对孙某展开了调查，并给予上传照片的孙某相应的行政处罚。但事件的当事人孙某一头雾水，觉得网上这些照片是假的，自己是被人陷害的。于是，孙某以不服行政处罚为由提起行政诉讼，在审理中，相关技术人员对网上的这些照片进行了技术鉴定，认为这些照片确实存在加工的嫌疑，无法认定真伪。那么，在案件的审理过程中，这些有缺陷的照片是否能作为定案的根据?

学法有疑

诉讼中，对于有缺陷、无法明确真伪的证据，能不能作为定案依据?

法律讲堂

经过处理、丧失证据该有的客观性的证据，是不能作为定案依据的。根据《最高人民法院关于执行行政诉讼证据若干问题的规定》第五十七条的规定，被当事人或者他人进行技术处理而无法辨明真伪的证据材料不能作为定案依据。所以法庭在审查证据时，应当根据案件的具体情况，审查证据是否为原件、原物，复制件、复制品与原件、原物是否相符。

本案中，有关部门对孙某进行行政处罚之前应调查清楚网上这些照片的来源，以确定其真实性，原告孙某也应当认真审查。诉讼中，对于经过处理、无法辨明真伪的照片，法院不能将其作为定案的证据。

法律条文

《最高人民法院关于执行行政诉讼证据若干问题的规定》

第五十七条 下列证据材料不能作为定案依据：

……

（七）被当事人或者他人进行技术处理而无法辨明真伪的证据材料；

……

对证据的审查应严格按照证据的“三要素”进行，即客观性、合法性、关联性，因加工处理而无法辨别真伪的证据不能作为定案依据。

130. 行政诉讼中，被告所提供的证据是在作出一定的行政行为后或诉讼过程中自行搜集的，这样的证据能作为证明其行政行为合法的依据吗?

案例背景

“3·15”临近，商品打假成为人们关注的焦点，各地工商部门也加紧对各类食品、商品公司进行质量检查。某地市场监管局委托一支食品督查小组对某一区域的食品公司进行检查。郑某是某食品批发公司的负责人，当食品督查小组去其公司检查时，因觉得该公司工作环境差，东西随意堆放，便主观上觉得这样的食品公司所生产出来的东西肯定不合格，于是便责令郑某的公司停业整顿，停整期间不得进行食品批发。对于该督查小组的决定，郑某不服，于是向法院提起行政诉讼。诉讼过程中，市场监管局补发了一份对该督查小组的书面委托书，并出具了证明郑某的食品批发公司存在一些质量瑕疵的相关证据。但是，该督查小组此时出具的证据，能不能有效地证明其先前作出的行政行为合法有效呢?

学法有疑

被告在作出一定的行政行为后提交的证明该行政行为合法性的证据，是否有证明能力，能不能发挥作用?

法律讲堂

行政诉讼证据的收集不同于其他诉讼，被告对被诉行政行为负举证责任，被告在行政诉讼过程中或者在作出行政行为之后收集的证据不能被采用。我国《最高人民法院关于行政诉讼证据若干问题的规定》第六十条明确规定，被告及其诉讼代理人在作出行政行为后或者在诉讼程序中自行收集的证据不能作为认定被诉具体行政行为合法的依据。

本案中，食品督查小组对郑某的食品批发公司作出相应的行政处罚时，仅有市场监管局的口头委托，且是凭主观猜测就认定郑某的食品公司生产的食品不合格，在法庭审判过程中才提交了相关证明和证据。依照上述法律规定，该食品督查小组提供的证据不能作为认定被诉行政行为合法的依据。

法律条文

《最高人民法院关于行政诉讼证据若干问题的规定》

第六十条 下列证据不能作为认定被诉具体行政行为合法的依据：

（一）被告及其诉讼代理人在作出行政行为后或者在诉讼程序中自行收集的证据；

……

在行政诉讼中，被告在作出行政行为后或者在行政诉讼过程中，所提出的证明自己行政行为合法性的证据，不能作为被诉具体行政行为合法的依据。

131. 在行政诉讼中，行政机关在复议程序中新搜集到的证据能否作为原行政行为合法的依据？

案例背景

赵某是一个个体工商户，经营各种琐碎物品，规模不大，但生意不错。某天，赵某的母亲病重，赵某便陪同母亲到市里一家医院看病。为方便照顾母亲，赵某的妻子也一同前去，这样一来，赵某的小商店便没人照看了，于是就打算先关几天门，等回来之后再开门营业。后来，赵某和妻子就一直在市里的医院照料病重的母亲。一个多月后，赵某母亲的病情好转，可以出院了，三人便返回家中。回家后，赵某打算重新经营自己的小商店，可几日后，却被市场监管部门告知自己的个体工商经营许可证已经被撤销了，且未出具相应的证据。于是，赵某提出行政复议。如果行政复议未果，赵其提起行政诉讼，那么在行政诉讼中，市场监管部门在行政复议时搜集到的证据能不能成为证明其行政行为有效性的根据？

学法有疑

行政机关在行政复议中新搜集到的证据，在行政诉讼中能成为证明自己行政行为合法有效的根据吗？

法律讲堂

行政机关依法作出行政行为时应该先举证、后裁决。所以，复议机关在复议程序中收集和补充的证据不能作为被诉行政行为合法性的依据。我国《最高人民法院关于行政诉讼证据若干问题的规定》第六十一条明确规定："复议机关在复议程序中收集和补充的证据，或者作出原行政行为的行政机关在复议程序中未向复议机关提交的证据，不能作为人民法院认定原具体行政行为合法的依据。"本条法律规定，是为了保证行政机关严格谨慎地作出行政行为，防止行政机关滥用权力，侵害行政相对人的权益。

本案中，复议机关在原告赵某提出行政复议后收集到的关于赵某不符合经营条件的证据，不能作为人民法院认定原行政行为合法的依据。

法律条文

《最高人民法院关于行政诉讼证据若干问题的规定》

第六十一条 复议机关在复议程序中收集和补充的证据，或者作出原具体行政行为的行政机关在复议程序中未向复议机关提交的证据，不能作为人民法院认定原具体行政行为合法的依据。

对于行政机关在行政复议中收集及补充的证据，不能作为认定其先前行政行为合法有效的依据，在行政诉讼中，也不能成为定案依据。

第三节　案件的审理与判决

132. 不服房屋征收决定的，可以提起行政诉讼吗？

案例背景

2019年4月6日，某县人民政府作出一个房屋征收的决定，其征收补偿方案规定，选择货币补偿的，被征收主房按照该地块多层产权调换安置房的优惠价格补偿；选择产权调换的，安置房超出主房补偿面积的部分由被征收人出资，超出10平方米以内的按优惠价结算房价，超出10平方米以外的部分按市场价格结算房价；被征收主房面积大于安置房面积的部分，按照安置房优惠价每平方米增加300元标准给予货币补偿。孔某的房屋在被征收范围内，其不服该决定。

学法有疑

孔某不服房屋征收的决定，可以提起行政诉讼吗？

法律讲堂

根据《国有土地上房屋征收与补偿条例》第二条、第十九条规定，征收国有土地上单位、个人的房屋，应当对被征收房屋所有权人给予公平补偿。对被征收房屋价值的补偿，不得低于房屋征收决定公告之日被征收房屋类似房地产的市场价格。根据立法精神，对被征收房屋价值的补偿，应参照就近区位新建商品房的价格，以被征收人在房屋被征收后居住条件、生活质量不降低为宜。本案中，优惠价格显然低于市场价格，对被征收房屋的补偿价格也明显低于被征收人的出资购买价格。该征收补偿方案的规定对被征收人显失公平，违反了《国有土地上房屋征收与补偿条例》的相关规定。根据《行政诉讼法》第十二条规定，人民法院受理因对征收、征用决定及其补偿决定不服引起的诉讼。所以，孔某可以提起行政诉讼。

法律条文

《国有土地上房屋征收与补偿条例》

第二条 为了公共利益的需要，征收国有土地上单位、个人的房屋，应当对被征收房屋所有权人（以下称被征收人）给予公平补偿。

第十九条 对被征收房屋价值的补偿，不得低于房屋征收决定公告之日被征收房屋类似房地产的市场价格。被征收房屋的价值，由具有相应资质的房地产价格评估机构按照房屋征收评估办法评估确定。

对评估确定的被征收房屋价值有异议的，可以向房地产价格评估机构申请复核评估。对复核结果有异议的，可以向房地产价格评估专家委员会申请鉴定。

房屋征收评估办法由国务院住房城乡建设主管部门制定，制定过程中，应当向社会公开征求意见。

《中华人民共和国行政诉讼法》

第十二条 人民法院受理公民、法人或者其他组织提起的下列诉讼：

……

（五）对征收、征用决定及其补偿决定不服的；

……

《国有土地上房屋征收补偿条例》第二条规定的对被征收人给予公平补偿原则，应贯穿于房屋征收与补偿的全过程。公民如果对征收、征用决定及其补偿决定不服，可以向人民法院提起诉讼。

133. 行政诉讼中，为了保障生活，可以申请先予执行吗?

案例背景

赵大爷是个孤寡老人，且没有任何收入，符合当地申请城市居民最低生活保障金的条件，每个月靠最低生活保障金生活。后来，赵大爷搬到了另外一个城市居住，遂向该城市的政府申领最低生活保障金，且赵大爷符合当地的申领条件，但是该地民政部门拒绝为其发放。赵大爷遂将该民政部门告上了法院。在诉讼期间，赵大爷的生活因没有最低生活保障金而受到严重影响，遂以生活困难为由向法院申请要求被告支付两个月的最低生活保障金。该地人民法院认为赵大爷的理由属实，于是同意了赵大爷的请求，作出了先予执行的书面裁定。

学法有疑

法院的做法是合法的吗?

法律讲堂

法院的做法是合法的。原告赵大爷提起行政诉讼的目的是解决自己的生活困难，但诉讼的过程也许会很漫长，长时间的诉讼会使其原本就困难的生活变得更加困难。我国法律针对此种情况设立了先予执行制度，即在诉讼进行当中，先予执行一部分财物，解决原告生活、生产上的困难和需要，及时、有效地保护原告的合法权益。

对此，我国《行政诉讼法》第五十七条规定："人民法院对起诉行政机关没有依法支付抚恤金、最低生活保障金和工伤、医疗社会保险金的案件，权利义务关系明确、不先予执行将严重影响原告生活的，可以根据原告的申请，裁定先予执行。当事人对先予执行裁定不服的，可以申请复议一次。复议期间不停止裁定的执行。”在本案中，原告赵大爷因生活困难，且权利义务关系明确，要求先予支付最低生活保障金，依照上述规定，法院依照赵大爷的申请作出的裁定是正确的。

法律条文

《中华人民共和国行政诉讼法》

第五十七条 人民法院对起诉行政机关没有依法支付抚恤金、最低生活保障金和工伤、医疗社会保险金的案件，权利义务关系明确、不先予执行将严重影响原告生活的，可以根据原告的申请，裁定先予执行。

当事人对先予执行裁定不服的，可以申请复议一次。复议期间不停止裁定的执行。

一句话说法

在人民法院对某些行政案件作出裁判以前，原告拥有向人民法院提出申请，要求裁定被告预先给付其一定数额的金钱或者其他财物的权利。

134. 应如何处理在行政诉讼中发生的民事争议？

案例背景

魏某家居住在某城市的老城区，后来，该地进行旧城改造，要征收魏某家的房子。在征收过程中，魏某与征收部门产生了一些分歧，便拒绝签订房屋征收补偿协议，但有关部门不理睬魏某的意见，作出了房屋征收决定。就在这时，魏某的哥哥称该房子是父亲当年留给自己的，魏某只是暂时居住而无权处理，魏某则表示自己拥有产权证书，这房子跟哥哥没任何关系。后来，魏某将房屋征收部门告上了法庭，同时，提出要求法院对房屋产权争议也一并审理。

学法有疑

法院应该对魏某的民事争议一并审理吗？

法律讲堂

法院可以对魏某提出的行政争议和民事争议一并审理。本案中，由于对房屋征收决定不服和房屋归属不明发生了争议，魏某提起了行政诉讼和民事诉讼。由于两个案件存在着密切联系，所以法院可以同时受理。对此，我国法律也有相关规定，我国《行政诉讼法》第六十一条第一款规定："在涉及行政许可、登记、征收、征用和行政机关对民事争议所作的裁决的行政诉讼中，当事人申请一并解决相关民事争议的，人民法院可以一并审理。"这样的规定是基于现实考虑，对于这些交错在一起的案件允许法院一并进行审理，会更有利于纠纷的顺利解决，也有利于查明案件真相。

法律条文

《中华人民共和国行政诉讼法》

第六十一条 在涉及行政许可、登记、征收、征用和行政机关对民事争议所作的裁决的行政诉讼中，当事人申请一并解决相关民事争议的，人民法院可以一并审理。

在行政诉讼中，人民法院认为行政案件的审理需以民事诉讼的裁判为依据的，可以裁定中止行政诉讼。

为了节约司法资源、提高司法效率，对于和行政争议有密切关联的民事争议案件，法院可以在行政诉讼中一并处理。

135. 被确认为违法的行政行为可以不被撤销吗?

案例背景

赵某是一家房地产公司的老板，2016年，赵某就相中了其所在城市郊区的一块地。他觉得这里空气清新、环境优美，于是就买下了这块地，并且盖了一个小区，名为阳光花园小区。房屋在没盖好之前，就进行了预售，到竣工的时候，该小区的楼房已经全部卖出。此时，张庄村的村民却主张这是自己村的地皮，房产局是没权利未经村民允许就将该块地皮出卖的。后来，村民们对房产局提起了诉讼。最后法院判决，房产局的行为确实违法，但是房屋已经全部出售，所以不予撤销该项行政行为。

学法有疑

法院可以只确认违法而不撤销该行政行为吗?

法律讲堂

法院是可以只确认违法而不撤销该行政行为的。虽然该房产局允许开发商开发这块地皮的行政行为违法，但是，这片小区人数众多，房屋已经全部卖出，如果法院判决撤销，会对大量购房者的利益造成损害，甚至可能造成社会秩序混乱，影响公众和社会利益，所以法院作出的判决是正确的。根据我国《行政诉讼法》第七十四条第一款的规定："行政行为有下列情形之一的，人民法院判决确认违法，但不撤销行政行为：(一) 行政行为依法应当撤销，但撤销会给国家利益、社会公共利益造成重大损害的；(二) 行政行为程序轻微违法，但对原告权利不产生实际影响的。"所以，在这里，法院需要权衡利益而作出合理的判决，虽然这样的判决结果可能会对张庄村村民的利益造成损害，但是考虑到该案例的实际情况，这样的判决可能是最合理的。

法律条文

《中华人民共和国行政诉讼法》

第七十四条第一款 行政行为有下列情形之一的，人民法院判决确认违法，但不撤销行政行为：

（一）行政行为依法应当撤销，但撤销会给国家利益、社会公共利益造成重大损害的；

（二）行政行为程序轻微违法，但对原告权利不产生实际影响的。

如果对行政机关的违法行为予以撤销会损害公众的利益，法院根据实际情况进行利益权衡，可以对此类行政行为只判决确认违法，但不予撤销。

136. 对于已经执行完毕的行政行为，法院还有必要作出撤销的判决吗？

案例背景

某日，朱某驾驶自己的私家车外出，在某个十字路口正赶上交警执勤。交警遂将朱某拦下，并要求其出示身份证和驾驶证。朱某出示了驾驶证，但是其身份证落在了单位，遂没有出示身份证。交警却称朱某拒绝出示证件，并对其处以拘留5日的行政处罚。拘留结束后，朱某十分生气，遂向法院提起了行政诉讼。法院经审理，判决确认公安机关的行为违法，但是朱某却要求法院判决公安机关撤销对自己的拘留处罚。法院认为，行政行为已经作出，没有可以撤销的内容，只能判决给予朱某赔偿。

学法有疑

法院应该判决撤销公安机关的行政行为吗？

法律讲堂

法院没有必要判决撤销公安机关的违法行政行为。法院虽然已经判决确认公安机关的行政行为违法，但是该行政行为已经执行完毕，故在当事人起诉时已经没有可撤销的内容，所以该违法的行政行为是没有办法撤销的，只能判决公安机关对朱某给予一定的赔偿。对此，我国《行政诉讼法》第七十四条第二款有明确规定：“行政行为有下列情形之一，不需要撤销或者判决履行的，人民法院判决确认违法：（一）行政行为违法，但不具有可撤销内容的；（二）被告改变原违法行政行为，原告仍要求确认原行政行为违法的；（三）被告不履行或者拖延履行法定职责，判决履行没有意义的。”本案属于第一种情况，法院只需判决违法即可。

同时，《行政诉讼法》第七十六条规定：“人民法院判决确认违法或者无效的，可以同时判决责令被告采取补救措施；给原告造成损失的，依法判决被告承担赔偿责任。”本案中，法院判决公安机关对原告给予赔偿，所以其判决是正确的。

法律条文

《中华人民共和国行政诉讼法》

第七十四条第二款 行政行为有下列情形之一，不需要撤销或者判决履行的，人民法院判决确认违法：

（一）行政行为违法，但不具有可撤销内容的；

（二）被告改变原违法行政行为，原告仍要求确认原行政行为违法的；

（三）被告不履行或者拖延履行法定职责，判决履行没有意义的。

第七十六条 人民法院判决确认违法或者无效的，可以同时判决责令被告采取补救措施；给原告造成损失的，依法判决被告承担赔偿责任。

如果当事人在起诉时其案件已经不存在可撤销的内容，那么法院就只能判决确认该行政行为违法，并对当事人予以一定的赔偿，而不能判决撤销该行政行为。

137. 法院可以对没有主体资格的行政机关作出的行政行为判决无效吗?

案例背景

顾某因违反《治安管理处罚法》而受到当地派出所的行政处罚。派出所对顾某给予了警告，并且责令顾某缴纳800元的罚款。顾某觉得派出所可以对自己进行警告，但是没有罚款的权力。于是，顾某将派出所告上了法院。经审理，法院作出认定，派出所作出的给予顾某警告的行政行为是合法的，但是对其处以800元罚款的行为则缺乏行政主体资格，所以判决派出所的罚款行为无效。

学法有疑

法院可以判决派出所罚款的行政行为无效吗?

法律讲堂

法院可以判决派出所的罚款行为无效。在我国，警告、500元以下的罚款可以由派出所决定。也就是说，派出所只对于警告和500元以下的罚款具有行政主体资格。而本案中，派出所对于顾某的罚款达到了800元，显然是违法的。根据我国《行政诉讼法》第七十五条的规定:“行政行为有实施主体不具有行政主体资格或者没有依据等重大且明显违法情形，原告申请确认行政行为无效的，人民法院判决确认无效。”

因此，对于本案中的此项行政行为，派出所是不具备行政主体资格的，其作出的此行政行为是无效的。行政主体必须依职权作出行政行为，且必须符合法律规定，才能有效，否则原告可以就此提起行政诉讼。所以本案中经原告顾某申请，法院可以判决确认派出所作出的罚款800元的行政行为无效。

法律条文

《中华人民共和国行政诉讼法》

第七十五条 行政行为有实施主体不具有行政主体资格或者没有依据等重大且明显违法情形，原告申请确认行政行为无效的，人民法院判决确认无效。

行政主体只能作出职权范围内的行政行为，并且其作出的行攻行为应当有法律依据，否则，当事人可以依法向法院申请其行政行为无效。

138. 对复议决定维持原行政行为的案件进行诉讼，作出原行政行为的机关是被告吗？

案例背景

某日，海阳县公安局以扰乱治安为由对钱某作出处以1000元罚款的行政处罚决定。钱某觉得这个处罚过于严重，因此表示不服。后来，钱某向市公安局申请了行政复议，市公安局最后决定维持原行政行为。钱某觉得市公安局的复议决定是错的，遂向法院提起了行政诉讼，将市公安局告上了法庭。但是，钱某不知道作出原行政行为的县公安局是否也是被告。

学法有疑

作出原行政行为的县公安局是被告吗？

法律讲堂

作出原行政行为的县公安局和复议维持原行政行为的市公安局为共同被告。我国《行政诉讼法》第二十六条第一款、第二款规定："公民、法人或者其他组织直接向人民法院提起诉讼的，作出行政行为的行政机关是被告。经复议的案件，复议机关决定维持原行政行为的，作出原行政行为的行政机关和复议机关是共同被告；复议机关改变原行政行为的，复议机关是被告。"本案中，钱某因不服县公安局作出的处罚决定而向市公安局申请复议，市公安局又决定维持原行政行为，此时根据上述法律规定，县公安局和市公安局为共同被告。

同时根据《行政诉讼法》第七十九条的规定："复议机关与作出原行政行为的行政机关为共同被告的案件，人民法院应当对复议决定和原行政行为一并作出裁判。"所以法院对于本案件的审理判决就应当是全面的，不仅要对复议后的行政行为作出判决，还要对原行政行为作出判决。

法律条文

《中华人民共和国行政诉讼法》

第二十六条第一款 公民、法人或者其他组织直接向人民法院提起诉讼的，作出行政行为的行政机关是被告。

第二款 经复议的案件，复议机关决定维持原行政行为的，作出原行政行为的行政机关和复议机关是共同被告；复议机关改变原行政行为的，复议机关是被告。

第七十九条 复议机关与作出原行政行为的行政机关为共同被告的案件，人民法院应当对复议决定和原行政行为一并作出裁判。

对经复议决定维持原行政行为的案件进行诉讼时，作出原行政行为的机关和复议机关为共同被告。

139. 涉及款额1000元的案件被发回重审后，还能适用简易程序审理吗？

案例背景

槐某因房屋问题对政府的某项决定表示不服，遂提起了行政诉讼，一审法院经审理认为政府的行政行为确实违法，遂责令政府对槐某作出赔偿。由于该案件涉及款额较小，仅1000元人民币，且案件事实清楚，所以一审法院采取简易程序审理了该案。后来，政府觉得此事无关钱的多少，而是自己所作出的行政行为不应该被认定为违法，因此提起了上诉。二审法院经审理后认为，一审的判决适用法律错误，裁定发回重审。但是，槐某不知这个案件被发回重审后还能否适用简易程序审理。

学法有疑

该案件被发回重审后可以适用简易程序吗？

法律讲堂

本案被发回重审后是不能再适用简易程序的。根据我国《行政诉讼法》第八十二条的规定："人民法院审理下列第一审行政案件，认为事实清楚、权利义务关系明确、争议不大的，可以适用简易程序：（一）被诉行政行为是依法当场作出的；（二）案件涉及款额二千元以下的；（三）属于政府信息公开案件的。除前款规定以外的第一审行政案件，当事人各方同意适用简易程序的，可以适用简易程序。发回重审、按照审判监督程序再审的案件不适用简易程序。"本案涉及款额为1000元，所以按照上述规定，第一审时可以适用简易程序，但是上述法律又规定了发回重审的案件不适用简易程序。由此可知，不管是什么案由的案件，只要是发回重审和按照审判监督程序审理的案件，都不能适用简易程序审理。因此，案件涉及款额在 2000 元以下的案件被发回重审后也不能再适用简易程序审理。

法律条文

《中华人民共和国行政诉讼法》

第八十二条 人民法院审理下列第一审行政案件，认为事实清楚、权利义务关系明确、争议不大的，可以适用简易程序：

（一）被诉行政行为是依法当场作出的；

（二）案件涉及款额二千元以下的；

（三）属于政府信息公开案件的。

除前款规定以外的第一审行政案件，当事人各方同意适用简易程序的，可以适用简易程序。

发回重审、按照审判监督程序再审的案件不适用简易程序。

一句话说法

对于一审适用简易程序审理的案件，在发回重审和按照审判监督程序审理时，都不能再适用简易程序审理。

140. 行政机关可以就同一理由再次作出相同的处罚吗？

案例背景

小牛大学毕业以后没找到合适的工作，便在父母的帮助下开了一家小吃店，并依法办理了相关的手续。后来，市场监管局在一次例行检查中以小吃店的卫生许可证有问题为由，要吊销小牛的营业执照。但是小牛觉得自己的卫生许可证是依法办理的，不会存在问题，遂将市场监管局告上了法庭。最后，法院认定市场监管局的行为违法，并判决市场监管局撤销其行政行为。之后过了没多久，市场监管局又以同一个理由，再次吊销了小牛的营业执照，小牛非常生气，觉得市场监管局的行为是违法的。

学法有疑

市场监管局再次作出的行政行为是违法的吗？

法律讲堂

市场监管局再次作出的行政行为是违法的。我国《行政诉讼法》第七十一条规定："人民法院判决被告重新作出行政行为的，被告不得以同一的事实和理由作出与原行政行为基本相同的行政行为。"本案中，小牛向法院提起了行政诉讼以后，法院已经认定市场监管局作出的行政行为违法并判决市场监管局撤销，此时市场监管局就应该撤销原来的行政行为，并且不得就同一个理由再次作出一样的行政行为，否则就是不合法的。具体到本案，小牛可以再次提起诉讼，请求法院依法作出判决。

法律条文

《中华人民共和国行政诉讼法》

第七十一条 人民法院判决被告重新作出行政行为的，被告不得以同一的事实和理由作出与原行政行为基本相同的行政行为。

法院判决行政行为违法后，行政机关不得就同一事实和理由再次作出基本相同的处罚。

141. 在行政诉讼中，如果原告因被告改变行政行为而撤诉，法院可以裁定准许撤诉吗？

案例背景

某地政府颁发了关于土地使用权的某文件，葛大爷认为该文件内容损害了自己的利益，表示不服，并向政府提出了自己的意见，但是政府对此置之不理。随后，葛大爷将政府告上了法院，但是在法院审理的过程中，政府作出了撤销该文件的决定，并且将该撤销决定送至葛大爷手中。葛大爷见政府撤销了文件，遂决定撤诉。

学法有疑

如果葛大爷撤诉，人民法院可以裁定准许撤诉吗？

法律讲堂

如果葛大爷撤诉，人民法院可以裁定准许撤诉。根据《最高人民法院关于行政诉讼撤诉若干问题的规定》第五条的规定："被告改变被诉具体行政行为，原告申请撤诉，有履行内容且履行完毕的，人民法院可以裁定准许撤诉；不能即时或者一次性履行的，人民法院可以裁定准许撤诉，也可以裁定中止审理。"也就是说，对于行政机关未完全履行的情况，法院可作出两种裁定，即准予撤诉或中止审理。对于裁定准予撤诉的情形，根据本法第六条的规定，法院可在裁定书中载明被告改变被诉行政行为的主要内容及履行情况，并在裁定理由中明确被诉行政行为全部或者部分不再执行。本案中，被告改变了被诉行政行为，此时，如果葛大爷提出撤诉申请，法院可以裁定中止审理，也可以准予撤诉、终结案件，并在文书中写明被诉行政行为的履行问题，而被告应严格执行法院的裁定。

法律条文

《最高人民法院关于行政诉讼撤诉若干问题的规定》

第五条 被告改变被诉具体行政行为，原告申请撤诉，有履行内容且履行完毕的，人民法院可以裁定准许撤诉；不能即时或者一次性履行的，人民法院可以裁定准许撤诉，也可以裁定中止审理。

第六条 准许撤诉裁定可以载明被告改变被诉具体行政行为的主要内容及履行情况，并可以根据案件具体情况，在裁定理由中明确被诉具体行政行为全部或者部分不再执行。

一句话说法

在法院判决作出前，如果被告改变了行政行为，行政相对人实现了维权的意图后申请撤诉的，法院可以裁定准许撤诉。

第4章 法律援助

第一节 法律援助的对象和范围

142. 老年人索要赡养费时，可以申请法律援助吗？

案例背景

张大爷今年已经78岁了，因年事已高，行动、生活上都有所不便，需要儿女的照顾。张大爷的一儿一女虽然都已经成家立业并且都有赡养能力，但是他们却对张大爷不闻不问、不管不顾，每次张大爷和儿女说起养老的事情，他们总是相互推脱。张大爷非常生气，于是决定向法院起诉，要求儿女尽赡养义务，给付赡养费。但是，张大爷没钱请律师，不知该怎么办。

学法有疑

张大爷因经济困难没钱请律师可以申请法律援助吗？张大爷可以向哪个机构提出申请？

法律讲堂

人们都说，生儿育女为防老。老人年岁大，生活上肯定有很多不便，这时就需要儿女的照顾，但是张大爷的儿女虽然具备赡养能力，却不尽赡养义务。张大爷无奈之下决定起诉，可又请不起律师。对此，我国《法律援助条例》第十条第一款第四项和第十四条第三项有明确规定，公民请求给付赡养费、抚养费、扶养费，因经济困难没有委托代理人的，可以向给付赡养费、抚养费、扶养费的义务人住所地的法律援助机构提出申请。由此可见，张大爷只要符合儿子或者女儿住所地的省、自治区、直辖市人民政府规定的公民经济困难的标准，就可以向赡养人（也就是其儿女们）住所地的法律援助机构申请法律援助。

法律条文

《法律援助条例》

第十条 公民对下列需要代理的事项，因经济困难没有委托代理人的，可以向法律援助机构申请法律援助：

……

（四）请求给付赡养费、抚养费、扶养费的；

……

第十四条 公民就本条例第十条所列事项申请法律援助，应当按照下列规定提出：

……

（三）请求给付赡养费、抚养费、扶养费的，向给付赡养费、抚养费、扶养费的义务人住所地的法律援助机构提出申请；

……

一句话说法

老人因儿女不尽赡养义务向法院起诉却没钱请律师的，可以向给付义务人住所地的法律援助机构申请法律援助。

143. 工厂一直拖欠工资，工人们想起诉，但没钱请律师，可以申请法律援助吗?

案例背景

李某经过同村人介绍，来到一家工厂打工。工厂与李某约定工资是每月3000元，次月的15日发上月工资，周末正常休息。李某工作的前两个月工资都是正常发，可是到了第三个月时，工厂就以亏损为由停发了工资，说到年底一起付清。由于李某要照顾一家老小，需要每月往家里寄钱，如果工资一直不发，李某家的生活就会很难维持，于是李某多次向工厂讨薪，但一直未果。李某没有办法就决定向法院起诉，但是没钱请律师，这可怎么办?

学法有疑

李某向法院起诉又没钱聘请律师，可以申请法律援助吗?

法律讲堂

我国《劳动法》第五十条规定："工资应当以货币形式按月支付给劳动者本人。不得克扣或者无故拖欠劳动者的工资。"而本案中的工厂一直拖欠李某的工资，已经违反了《劳动法》的规定。同时，根据《法律援助条例》第十条和第十四条的规定，公民对请求支付劳动报酬的需要代理的事项，因经济困难没有委托代理人的，可以向支付劳动报酬的义务人住所地的法律援助机构提出申请。因此，李某只要符合工厂所在的省、自治区、直辖市人民政府关于公民经济困难的标准，就可以获得法律咨询、代理等无偿法律服务。

法律条文

《中华人民共和国劳动法》

第五十条 工资应当以货币形式按月支付给劳动者本人。不得克扣或者无故拖欠劳动者的工资。

《法律援助条例》

第十条 公民对下列需要代理的事项，因经济困难没有委托代理人的，可以向法律援助机构申请法律援助：

……

（五）请求支付劳动报酬的；

……

第十四条 公民就本条例第十条所列事项申请法律援助，应当按照下列规定提出：

……

（四）请求支付劳动报酬的，向支付劳动报酬的义务人住所地的法律援助机构提出申请；

……

拖欠工资侵犯了劳动者的合法权益，劳动者即使无钱聘请律师也可申请法律援助帮助讨薪。

144. 未成年人可以自己去申请法律援助吗？

案例背景

小明今年14岁，其父母在一个月前离婚了，双方约定离婚后小明由其母亲抚养，小明的父亲按月给付小明抚养费3000元。但是小明的父亲未曾按照约定给付小明抚养费，小明的母亲多次与小明的父亲协商未果。小明一气之下将自己的父亲告上法庭。

学法有疑

小明还属于未成年人，可以自己向法律援助机构申请法律援助吗？

法律讲堂

小明的父母虽然已经离婚，但是其对小明依然负有抚养义务，因此，小明的父亲应该按照约定付给小明抚养费。小明因父亲不给抚养费将父亲告上法庭，需要法律援助。但小明是限制民事行为能力人，根据《法律援助条例》第十六条的规定，限制民事行为能力人与其法定代理人之间发生诉讼或者因其他利益纠纷需要法律援助的，由与该争议事项无利害关系的其他法定代理人代为提出申请。由此可见，小明不能自己去申请法律援助，但可以由母亲代为申请。

法律条文

《法律援助条例》

第十六条 申请人为无民事行为能力人或者限制民事行为能力人的，由其法定代理人代为提出申请。

无民事行为能力人或者限制民事行为能力人与其法定代理人之间发生诉讼或者因其他利益纠纷需要法律援助的，由与该争议事项无利害关系的其他法定代理人代为提出申请。

未成年人可由其法定代理人代为申请法律援助是法律保护未成年人合法权益的一种表现形式。

145. 共同犯罪中请不起律师的犯罪嫌疑人可以申请法律援助吗?

案例背景

2019年3月，赵某与王某到某饭店吃饭，由于二人喝多了酒，结账时非说老板孙某多要了他们的钱，与孙某大吵起来，孙某及员工将二人赶出饭店。事后，赵某觉得很没面子，一直耿耿于怀，就找到王某商量吓唬吓唬孙某，王某表示同意。同年4月2日，二人共同购买了两把刀，于当天晚上对孙某进行跟踪。走到没人的地方时，赵某与王某将孙某截住，让孙某将身上值钱的东西都留下，并且低头向他们道歉，孙某不同意，与他们再次争执起来。赵某看到孙某如此嚣张，一气之下将孙某杀死。不久，赵某与王某被公安机关抓获，赵某请了律师为自己辩护，但王某经济条件不好，没钱请律师，不知道该如何是好。

学法有疑

在赵某与王某共同犯罪的情况下，王某可以申请法律援助吗?

法律讲堂

根据《关于刑事诉讼法律援助工作的规定》第二条第一款的规定，犯罪嫌疑人、被告人因经济困难没有委托辩护人的，本人及其近亲属可以向办理案件的公安机关、人民检察院、人民法院所在地同级司法行政机关所属法律援助机构申请法律援助。共同犯罪案件中，犯罪嫌疑人、被告人没有委托辩护人，而其他犯罪嫌疑人、被告人已委托辩护人的，可以依照规定申请法律援助。本案中，王某因经济困难请不起律师，是可以向法律援助机构申请法律援助的。

法律条文

《关于刑事诉讼法律援助工作的规定》

第二条 犯罪嫌疑人、被告人因经济困难没有委托辩护人的，本人及其近亲属可以向办理案件的公安机关、人民检察院、人民法院所在地同级司法行政机关所属法律援助机构申请法律援助。

具有下列情形之一，犯罪嫌疑人、被告人没有委托辩护人的，可以依照前款规定申请法律援助：

……

（二）共同犯罪案件中，其他犯罪嫌疑人、被告人已委托辩护人的；

……

一句话说法

共同犯罪中的犯罪嫌疑人可以申请法律援助是我国法律保障犯罪嫌疑人基本人权的体现。

146. 被全国通缉的犯罪嫌疑人可以申请法律援助吗?

案例背景

刘某，男，1945年出生，四川成都人，专门对下夜班的女同志进行强奸抢劫，谋财害命。其作案手段极其残忍，社会影响极其恶劣。2019年6月4日，公安机关发出通缉令，在全国范围内通缉犯罪嫌疑人刘某。当天19时30分许，安检人员小胡正在北京西站执勤，对进站人员进行安检。这时，小胡发现一名男子非常不正常，他并不着急进站，而是四处张望，形迹非常可疑。当对这名男子进行安检时，小胡仔细盘查后发现，这名男子的身份证资料与公安机关正在通缉的犯罪嫌疑人刘某的资料一致。小胡立即联系了在该铁路执勤的公安人员，公安人员遂将犯罪嫌疑人刘某抓获。在案件审理过程中，刘某因家庭经济困难，没钱请律师。

学法有疑

那么，刘某作为被全国通缉的犯罪嫌疑人，可以申请法律援助吗?

法律讲堂

根据《关于刑事诉讼法律援助工作的规定》第二条的规定，犯罪嫌疑人、被告人因经济困难没有委托辩护人的，本人及其近亲属可以向办理案件的公安机关、人民检察院、人民法院所在地同级司法行政机关所属法律援助机构申请法律援助。案件具有重大社会影响，犯罪嫌疑人、被告人没有委托辩护人的，可以依照前款规定申请法律援助。本案中，刘某作案手段极其残忍，社会影响极其恶劣，且刘某是被公安机关通缉的要犯，根据法律规定，在法院审理过程中，他可以申请法律援助。

法律条文

《关于刑事诉讼法律援助工作的规定》

第二条 犯罪嫌疑人、被告人因经济困难没有委托辩护人的，本人及其近亲属可以向办理案件的公安机关、人民检察院、人民法院所在地同级司法行政机关所属法律援助机构申请法律援助。

具有下列情形之一，犯罪嫌疑人、被告人没有委托辩护人的，可以依照前款规定申请法律援助：

……

（四）案件具有重大社会影响的。

《全国刑事法律援助服务规范》

8.2.7 犯罪嫌疑人、被告人符合以下情形之一且未委托辩护人或诉讼代理人的，办案机关应通知法律援助机构指派律师为其提供辩护或者代理：

……

d）可能被判处无期徒刑、死刑的人；

对罪大恶极的犯罪嫌疑人提供法律援助，一些民众会很不解。实际上，每一个人，哪怕是为大众所不容的人，都享有辩护的权利。为他们提供法律援助，也是社会文明进步和司法公平正义的体现。

147. 刑事案件由当事人自己起诉，还能否申请法律援助？

案例背景

一天早上，王大爷像往常一样，到小区附近的公园晨练。正当王大爷锻炼时，遇上了隔壁的张某。王大爷和张某打招呼，张某却对王大爷不理不睬。王大爷不知道怎么回事，就过去询问张某为什么不搭理他。张某很不客气地说懒得搭理你，王大爷听张某这么回答非常生气，就说张某没有素质，于是两人便争吵起来。不料张某对王大爷动了手，将王大爷推搡在地，导致王大爷的胳膊及头部撞伤。后来王大爷将张某告上法院，要求张某承担刑事责任。但王大爷经济困难，请不起律师，因此想申请法律援助。

学法有疑

在这起刑事案件中，王大爷作为当事人自己起诉，还能否申请法律援助？

法律讲堂

根据我国《法律援助条例》第十一条第三项的规定，自诉案件的自诉人及其法定代理人，自案件被人民法院受理之日起，因经济困难没有委托诉讼代理人的，公民可以向法律援助机构申请法律援助。同时，《关于刑事诉讼法律援助工作的规定》第三条规定：“公诉案件中的被害人及其法定代理人或者近亲属，自诉案件中的自诉人及其法定代理人，因经济困难没有委托诉讼代理人的，可以向办理案件的人民检察院、人民法院所在地同级司法行政机关所属法律援助机构申请法律援助。”因此，本案中王大爷虽然是这起刑事案件的自诉人，但在审理过程中，若王大爷因经济困难请不起律师，依然可以申请法律援助。

法律条文

《法律援助条例》

第十一条 刑事诉讼中有下列情形之一的，公民可以向法律援助机构申请法律援助：

（一）犯罪嫌疑人在被侦查机关第一次讯问后或者采取强制措施之日起，因经济困难没有聘请律师的；

（二）公诉案件中的被害人及其法定代理人或者近亲属，自案件移送审查起诉之日起，因经济困难没有委托诉讼代理人的；

（三）自诉案件的自诉人及其法定代理人，自案件被人民法院受理之日起，因经济困难没有委托诉讼代理人的。

《关于刑事诉讼法律援助工作的规定》

第三条 公诉案件中的被害人及其法定代理人或者近亲属，自诉案件中的自诉人及其法定代理人，因经济困难没有委托诉讼代理人的，可以向办理案件的人民检察院、人民法院所在地同级司法行政机关所属法律援助机构申请法律援助。

一句话说法

法律援助是无偿提供法律服务的一项保障制度，只要自诉人符合条件，就可以申请法律援助。

148. 经济困难的被害人，有权通过法律援助机构寻找诉讼代理人吗?

案例背景

小童是农村的孩子，因父母在城里打工，小童便随父母一起来到城里，并在某所高中就读。虽然小童学习非常好，但因为他是从农村来的，所以一直被其他同学欺负，尤其是同班的杨某等人，经常给小童起各种难听的外号，还诬陷小童偷班上同学的东西。一次，小童和杨某等人争吵起来，杨某等人将小童推搡在地，对其进行殴打，小童被打成重伤。小童的父母了解此事后非常生气，想为儿子讨回公道，便决定将杨某等人告上法庭，但苦于家庭经济困难，无力支付高额律师费，就想通过法律援助机构寻找诉讼代理人。

学法有疑

小童的父母可以通过法律援助机构寻找诉讼代理人吗?

法律讲堂

为了保障被害人的合法权益，避免被害人因为经济困难无法享受法律服务，2013 年 2 月 4 日，最高人民法院、最高人民检察院、公安部、司法部对 2005 年联合印发的《关于刑事诉讼法律援助工作的规定》进行了修改。其中第三条规定了公诉案件中的被害人及其法定代理人或者近亲属，因为经济困难没有委托诉讼代理人的，可以申请法律援助。本案中，小童被杨某等人伤害，小童的父母将杨某等人告上法庭，因小童家经济条件有限，无力支付律师费，所以，小童的父母可以通过法律援助机构寻找诉讼代理人。

法律条文

《关于刑事诉讼法律援助工作的规定》

第三条 公诉案件中的被害人及其法定代理人或者近亲属，自诉案件中的自诉人及其法定代理人，因经济困难没有委托诉讼代理人的，可以向办理案件的人民检察院、人民法院所在地同级司法行政机关所属法律援助机构申请法律援助。

法律援助使“法律面前，人人平等”得以更好地贯彻，经济困难的被害人是有权通过法律援助机构申请法律援助的。

149. 可能会判处死刑的人有权拒绝律师辩护吗？

案例背景

被告人钱某将17岁的少女杀害并对其进行了强奸，手段极其残忍。这起案件在当地引起了强烈的恐慌与公愤，群众要求一定要将钱某“就地正法”。某市中级人民法院审理了该案件。在案件审理过程中，由于钱某经济困难无法请律师，该市中级人民法院通知法律援助机构为钱某安排了一名具有刑事辩护经验的律师。但钱某觉得自己罪孽深重，并且现在证据确凿，就算请了律师也是难逃一死，于是拒绝了律师的辩护。

学法有疑

那么，钱某有权拒绝律师辩护吗？

法律讲堂

本案中，钱某因故意杀人且手段残忍，可能会被判处死刑，法院为其安排辩护人符合法律规定。但如果钱某拒绝该辩护人有正当理由的，法院应准许其拒绝该律师为其辩护，同时被告人钱某应该另行委托辩护人，未另行委托的，法院应通知法律援助机构为其另行指派辩护人。因此，钱某因经济条件有限不能请律师，应当接受法院为其安排的辩护人。

法律条文

《关于刑事诉讼法律援助工作的规定》

第九条 犯罪嫌疑人、被告人具有下列情形之一没有委托辩护人的，公安机关、人民检察院、人民法院应当自发现该情形之日起3日内，通知所在地同级司法行政机关所属法律援助机构指派律师为其提供辩护：

……

（四）可能被判处无期徒刑、死刑的人。

第十三条第一款 对于可能被判处无期徒刑、死刑的案件，法律援助机构应当指派具有一定年限刑事辩护执业经历的律师担任辩护人。

第十五条第二款 对于应当通知辩护的案件，犯罪嫌疑人、被告人拒绝法律援助机构指派的律师为其辩护的，公安机关、人民检察院、人民法院应当查明拒绝的原因，有正当理由的，应当准许，同时告知犯罪嫌疑人、被告人需另行委托辩护人。犯罪嫌疑人、被告人未另行委托辩护人的，公安机关、人民检察院、人民法院应当及时通知法律援助机构另行指派律师为其提供辩护。

一句话说法

对可能判处死刑的犯罪嫌疑人来说，一定要有律师为其辩护。一方面，这是其最后的一线生机，也是法律的特别规定；另一方面，为其保障辩护权也是法治社会的应有之义。

150. 申请法律援助，经济困难的情形有哪些?

案例背景

张大妈今年60多岁，丈夫早年就去世了，张大妈靠低保及捡破烂将儿子拉扯大，供儿子上大学。张大妈的儿子大学毕业后找到了一份体面的工作，自己挣钱买了一套两居室的房子，也找到了女朋友，张大妈看儿子这么有能耐心里非常高兴。可是到了儿子和女朋友谈婚论嫁时，女方家长却提出要求张大妈搬出新房，要不然就不结婚。张大妈的儿子觉得自己找到女朋友并走到现在很不容易，就跟张大妈说让张大妈回老家住，可是张大妈为了供儿子读书，早就把老家的房子卖了，现在根本就无处可去。张大妈看儿子这么坚决，既难过又生气，自己又没有文化不知该如何是好，后来听说像她这种情况可以申请法律援助。

学法有疑

张大妈的经济情况符合申请法律援助的情形吗?

法律讲堂

根据《办理法律援助案件程序规定》第十五条规定：“法律援助机构经审查，对于有下列情形之一的，应当认定申请人经济困难：(一) 申请人及与其共同生活的家庭成员的人均收入符合法律援助地方性法规或者省、自治区、直辖市人民政府规定的经济困难标准的；(二) 申请事项的对方当事人是与申请人共同生活的家庭成员，申请人的个人收入符合法律援助地方性法规或者省、自治区、直辖市人民政府规定的经济困难标准的；(三) 申请人持本规定第十条规定的证件、证明材料申请法律援助，法律援助机构经审查认为真实有效的。”同时，该规定第十条规定，申请人持有城市居民最低生活保障证或者农村居民最低生活保障证的，无须提交法律援助申请人经济状况证明表。本案中，张大妈靠低保和捡破烂为生，其经济情况是符合法律援助的情形的，因此，张大妈可以向法律援助机构申请法律援助。

法律条文

《办理法律援助案件程序规定》

第十条 申请人持有下列证件、证明材料的，无需提交法律援助申请人经济状况证明表：

（一）城市居民最低生活保障证或者农村居民最低生活保障证；

……

第十五条 法律援助机构经审查，对于有下列情形之一的，应当认定申请人经济困难：

（一）申请人及与其共同生活的家庭成员的人均收入符合法律援助地方性法规或者省、自治区、直辖市人民政府规定的经济困难标准的；

（二）申请事项的对方当事人是与申请人共同生活的家庭成员，申请人的个人收入符合法律援助地方性法规或者省、自治区、直辖市人民政府规定的经济困难标准的；

（三）申请人持本规定第十条规定的证件、证明材料申请法律援助，法律援助机构经审查认为真实有效的。

我国通过设立法律援助制度来保护因经济困难等原因难以通过法律救济手段维护自身合法权利的社会弱势群体。

第二节　法律援助的内容与程序

151. 想起诉讨要抚恤金，可以在哪里申请法律援助？

案例背景

孙某的丈夫是某社会保障局的下岗职工，2019 年 3 月因病去世。丈夫去世后，孙某多次找到该社会保障局，要求其按照政策支付死亡抚恤金，但是该社会保障局的领导总是找各种理由进行推脱，面对如此“冷血”的领导，经济困难的孙某想要通过法律援助起诉该社会保障局，要求社会保障局支付应给予的抚恤金。

学法有疑

孙某该去哪儿申请法律援助呢？

法律讲堂

根据《法律援助条例》第十条的规定，公民对需要代理的请求发给抚恤金、救济金事项，因经济困难没有委托代理人的，可以向法律援助机构申请法律援助。同时，该条例第十四条第二项规定，申请法律援助可向请求给予发给抚恤金的义务机关所在地的法律援助机构提出申请。死亡抚恤金是对主要依靠死者生前扶养的直系亲属的一种抚恤，任何单位不能推诿。由此可见，孙某若想起诉讨要抚恤金，可向该社会保障局所在地的法律援助机构申请法律援助。

法律条文

《法律援助条例》

第十条　公民对下列需要代理的事项，因经济困难没有委托代理人的，可以向法律援助机构申请法律援助：

……

（三）请求发给抚恤金、救济金的；

……

第十四条 公民就本条例第十条所列事项申请法律援助，应当按照下列规定提出：

……

（二）请求给予社会保险待遇、最低生活保障待遇或者请求发给抚恤金、救济金的，向提供社会保险待遇、最低生活保障待遇或者发给抚恤金、救济金的义务机关所在地的法律援助机构提出申请；

……

公民起诉讨要抚恤金的，申请法律援助时应向有抚恤金发放义务的机关所在地的法律援助机构提出申请。

152. 法律咨询属于法律援助吗？可以咨询的事有哪些？

案例背景

某城市居民冯某因盗窃罪入狱，前不久刚刑满释放。冯某出狱后，没有任何经济来源，并且无儿无女。于是冯某想申请享受城市居民最低生活保障待遇，但是向户籍所在地的街道办事处提出书面申请时，办事处的工作人员以周某被判过刑为由不予受理。冯某想进行法律咨询，但又没有钱，后来听说可以通过法律援助进行法律咨询。

学法有疑

冯某可以通过法律援助进行咨询吗？其是否能咨询自己可否享受城市居民最低生活保障待遇的问题呢？

法律讲堂

持有非农业户口的城市居民，凡共同生活的家庭成员人均收入低于当地城市居民最低生活保障标准的，均有从当地人民政府获得基本生活物质帮助的权利。因此，街道办事处的工作人员不能以冯某被判过刑为由剥夺其此项权利。根据《法律援助条例》第十条第一款第三项的规定，公民对需要代理的请求发给抚恤金、救济金事项，因经济困难没有委托代理人的，可以向法律援助机构申请法律援助。同时，该条例第二条规定："符合本条例规定的公民，可以依照本条例获得法律咨询、代理、刑事辩护等无偿法律服务。"由此可见，法律咨询属于法律援助的范围，城市居民最低生活保障待遇的有关问题也属于公民因经济困难可以向法律援助机构申请咨询的事项。因此，冯某可依法向法律援助机构进行咨询。

法律条文

《法律援助条例》

第二条 符合本条例规定的公民，可以依照本条例获得法律咨询、代理、刑事辩护等无偿法律服务。

第十条 公民对下列需要代理的事项，因经济困难没有委托代理人的，可以向法律援助机构申请法律援助：

（一）依法请求国家赔偿的；

（二）请求给予社会保险待遇或者最低生活保障待遇的；

（三）请求发给抚恤金、救济金的；

（四）请求给付赡养费、抚养费、扶养费的；

（五）请求支付劳动报酬的；

（六）主张因见义勇为行为产生的民事权益的。

省、自治区、直辖市人民政府可以对前款规定以外的法律援助事项作出补充规定。

公民可以就本条第一款、第二款规定的事项向法律援助机构申请法律咨询。

一句话说法

法律援助不仅包括法律代理，也包括法律咨询、刑事辩护等服务。

153. 申请法律援助都需要带哪些材料和证件?

案例背景

李某今年快80岁了，妻子早年去世，他也没有再娶，一个人辛辛苦苦地将两个儿子拉扯大。李某一直靠城市低保勉强过日子，近几日，他生病了，但没有钱治病，于是就想到了自己的两个儿子。李某认为，两个儿子现在都已成家立业，都有赡养的能力，虽然平时不管自己，但现在自己生病了，他们应该不会不管的。于是李某便找到了两个儿子，想让儿子出钱给自己看病，没想到两个儿子谁也不愿意花钱给李某看病。李某十分心寒，决定通过法律援助让两个儿子尽赡养义务。

学法有疑

那么，李某申请法律援助需要带什么材料和证件呢?

法律讲堂

赡养老人是成年子女应尽的义务，本案中，李某生活困难，没钱看病，儿子们却不尽赡养义务，李某可以申请法律援助让两个儿子履行赡养义务。根据《办理法律援助案件程序规定》第九条、第十条的规定，李某申请代理法律援助，需向法律援助机构如实提交法律援助申请表；身份证或者其他有效的身份证明；与两个儿子不尽赡养义务有关的案件材料。因李某属于城市低保户，所以无须提交经济状况证明表。

法律条文

《办理法律援助案件程序规定》

第九条 公民申请代理、刑事辩护法律援助，应当如实提交下列申请材料：

（一）法律援助申请表。填写申请表确有困难的，由法律援助机构工作人员或者转交申请的机关、单位工作人员代为填写；

（二）身份证或者其他有效的身份证明，申请代理人还应当提交有代理权的证明；

（三）法律援助申请人经济状况证明表；

（四）与所申请法律援助事项有关的案件材料。

法律援助申请人经济状况证明表应当由法律援助地方性法规、规章规定的有权出具经济困难证明的机关、单位加盖公章。无相关规定的，由申请人住所地或者经常居住地的村民委员会、居民委员会或者所在单位加盖公章。

第十条 申请人持有下列证件、证明材料的，无需提交法律援助申请人经济状况证明表：

（一）城市居民最低生活保障证或者农村居民最低生活保障证；

……

法律援助设立的目的是为弱者提供法律帮助，提交申请材料是法律援助申请程序的基本要求。

154. 法律援助申请失败后，是否还有申诉的办法?

案例背景

王某下班时，被邻居家的狗咬伤，王某找到小狗的主人，但小狗的主人却认为是王某招惹了小狗，小狗才会咬他的。王某非常生气，决定提起诉讼，并且想找一位律师。由于律师费高昂，王某觉得自己经济上有些困难，就想申请法律援助。但法律援助机构经过调查认为王某不符合申请法律援助的条件，因此王某申请法律援助失败。

学法有疑

王某申请法律援助失败后，是否还有申诉的办法？

法律讲堂

《办理法律援助案件程序规定》第十九条规定："申请人对法律援助机构不予法律援助的决定有异议的，可以向主管该法律援助机构的司法行政机关提出。司法行政机关经审查认为申请人符合法律援助条件的，应当以书面形式责令法律援助机构及时对该申请人提供法律援助，同时书面告知申请人；认为申请人不符合法律援助条件的，应当维持法律援助机构不予法律援助的决定，书面告知申请人并说明理由。"由此可见，王某申请法律援助失败后，还是有挽回的余地的。如果王某对法律援助机构不予法律援助的决定不服，可以依法向主管该法律援助机构的司法行政机关提出申诉。

法律条文

《办理法律援助案件程序规定》

第十九条 申请人对法律援助机构不予法律援助的决定有异议的，可以向主管该法律援助机构的司法行政机关提出。

司法行政机关经审查认为申请人符合法律援助条件的，应当以书面形式责令法律援助机构及时对该申请人提供法律援助，同时书面告知申请人；认为申请人不符合法律援助条件的，应当维持法律援助机构不予法律援助的决定，书面告知申请人并说明理由。

一句话说法

一般来说，凡事都有救济的途径，法律援助申请失败也不例外。申请法律援助失败后，如有异议，可以向主管该法律援助机构的司法行政机关提出申诉。

155. 法律援助人员能否向当事人收费？

案例背景

杨奶奶因儿女不尽赡养义务，向法律援助机构申请了法律援助。法律援助机构经过调查后，为杨奶奶指派了某律师事务所的律师承办此案。杨奶奶与律师办理委托手续时，该律师要求杨奶奶给他200元的交通费。

学法有疑

法律援助人员可以向当事人收费吗？

法律讲堂

本案中，法律援助机构指派的律师向杨奶奶要交通费的做法是不符合法律规定的。根据《法律援助条例》第二十二条的规定："办理法律援助案件的人员，应当遵守职业道德和执业纪律，提供法律援助不得收取任何财物。"因此，律师不能向杨奶奶收取费用。如收取了费用，依据该法第二十八条第二款的规定，律师办理法律援助案件收取财物的，由司法行政部门责令退还违法所得的财物，可以并处所收财物价值1倍以上3倍以下的罚款。杨奶奶可以向司法行政部门的相关律师主管单位投诉。

法律条文

《法律援助条例》

第二十二条 办理法律援助案件的人员，应当遵守职业道德和执业纪律，提供法律援助不得收取任何财物。

第二十八条 律师有下列情形之一的，由司法行政部门给予警告、责令改正；情节严重的，给予1个月以上3个月以下停止执业的处罚：

（一）无正当理由拒绝接受、擅自终止法律援助案件的；

（二）办理法律援助案件收取财物的。

有前款第（二）项违法行为的，由司法行政部门责令退还违法所得的财物，可以并处所收财物价值1倍以上3倍以下的罚款。

一句话说法

法律援助是享有国家对法律援助组织和机构办案补贴的法律公益活动，法律援助组织和相关人员擅自收费则是一种违规违法行为。

156. 法律援助人员办案需用钱时，钱从哪里来？

案例背景

白某因工厂拖欠其半年的工资，向法律援助机构提出了申请，法律援助机构经过调查，认定白某符合申请法律援助的条件，便为白某指派了一位律师。该法律援助机构及律师在办案过程中未向他收取任何费用，白某感到很奇怪，不知道律师办案需要的钱是从哪里来的。

学法有疑

那么，法律援助人员办案需用的钱是从哪里来的？

法律讲堂

根据《法律援助条例》第三条的规定，法律援助是政府的责任，由县级以上政府提供财政支持。同时，该条例第二十四条第二款规定："法律援助机构收到前款规定的结案材料后，应当向受指派办理法律援助案件的律师或者接受安排办理法律援助案件的社会组织人员支付法律援助办案补贴。"据此可知，律师办理法律援助案件的，会收到法律援助机构支付的办案补贴。

法律条文

《法律援助条例》

第三条 法律援助是政府的责任，县级以上人民政府应当采取积极措施推动法律援助工作，为法律援助提供财政支持，保障法律援助事业与经济、社会协调发展。

法律援助经费应当专款专用，接受财政、审计部门的监督。

第二十四条 受指派办理法律援助案件的律师或者接受安排办理法律援助案件的社会组织人员在案件结案时，应当向法律援助机构提交有关的法律文书副本或者复印件以及结案报告等材料。

法律援助机构收到前款规定的结案材料后，应当向受指派办理法律援助案件的律师或者接受安排办理法律援助案件的社会组织人员支付法律援助办案补贴。

法律援助办案补贴的标准由省、自治区、直辖市人民政府司法行政部门会同同级财政部门，根据当地经济发展水平，参考法律援助机构办理各类法律援助案件的平均成本等因素核定，并可以根据需要调整。

法律援助属于国家社会保障制度，由县级以上人民政府提供经费，严格执行专款专用。

图书在版编目（CIP）数据

打官司看图一点通/荣丽双著．—北京：中国法制出版社，2020.12

（看图学法）

ISBN 978-7-5216-1488-6

Ⅰ．①打…　Ⅱ．①荣…　Ⅲ．①诉讼-中国-图解
Ⅳ．①D925-64

中国版本图书馆 CIP 数据核字（2020）第 240078 号

策划编辑：杨　智（yangzhi19861025@126.com）
责任编辑：王　悦　　　　封面设计：杨泽江

打官司看图一点通

DA GUANSI KAN TU YIDIANTONG

著者/荣丽双
经销/新华书店
印刷/三河市国英印务有限公司
开本/880 毫米×1230 毫米　32 开　　　印张/10.5　字数/188 千
版次/2020 年 12 月第 1 版　　　2020 年 12 月第 1 次印刷

中国法制出版社出版
书号 ISBN 978-7-5216-1488-6　　　定价：35.00 元

北京西单横二条 2 号
邮政编码 100031　　　传真：010-66031119
网址：http://www.zgfzs.com　　　**编辑部电话：010-66038703**
市场营销部电话：010-66033393　　　**邮购部电话：010-66033288**

（如有印装质量问题，请与本社印务部联系调换。电话：010-66032926）